FERRET 1978

I0166755

VERCINGÉTORIX

SCÈNES HISTORIQUES

PAR

ÉMILE DÉLEROT

« Muth, Muth, mein Volk !... Es ist der letzte Kampf!... »
SCHILLER. (Jeanne d'Arc.)

→→⟩⟩🕉⟨⟨←←

PARIS

LIBRAIRIE DE L. HACHETTE ET Cⁱᵉ

BOULEVARD SAINT-GERMAIN, 77.

1864

VERCINGÉTORIX

3821

Yf 8920

G

Versailles. — Impr. de E. Aubert, 6, avenue de Sceaux.

VERCINGÉTORIX

SCÈNES HISTORIQUES

PAR

ÉMILE DÉLEROT

« Muth, Muth, mein Volk !... Es ist der letzte Kampf !... »
SCHILLER. (*Jeanne d'Arc.*)

PARIS

LIBRAIRIE DE L. HACHETTE ET Cie

BOULEVARD SAINT-GERMAIN, 77.

—

1864

PERSONNAGES.

CELTILL, Vercingétorix des Gaules.
JULES CÉSAR, Proconsul dans les Gaules, Dictateur à Rome.
LUTÉTIANA, jeune Gauloise, esclave de César.

CANTORIX, Chef Armoricain.
CALABER, Chef Arverne.
VIRDUMAR, } Chefs Éduens.
ÉPORÉDORIX, }
BIORIX, marchand de la tribu des Rêmes, plus tard geôlier à Rome.
UN PRISONNIER, } de la tribu des Parisiens.
UN SOLDAT, }
LE CHEF DES DRUIDES.
LA PRÊTRESSE D'ÉSUS.

LABÉO, Centurion.
ACILIUS,
SPURIUS,
SERVILIUS, } légionnaires.
SULPICIUS,
POSTHUMUS,
AUFIDIUS, marchand d'esclaves.
APPIUS,
POMPONIUS,
PORCIUS, } Sénateurs.
LUCIUS ÆMILIUS,
MARCUS,
CAIUS, } Centurions.
VARIUS,
LYDUS, geôlier de la prison Mamertine.
DAMA, esclave de César.

Druides et Druidesses, Soldats et Chefs gaulois, Soldats, Sénateurs,
Citoyens et Esclaves romains, etc.

Le Prologue et les deux premiers actes se passent dans les Gaules, en 52 av. J.-C.
Les trois autres actes à Rome, en 46 av. J.-C.

PROLOGUE

L'ASSEMBLÉE DES GAULES.

Un carrefour au milieu d'une épaisse forêt, où sont assemblés les députés des tribus de la Gaule. Sur un chêne, à droite, brille une touffe de gui ; au pied de ce chêne est un autel de gazon. Çà et là des pierres levées. Au fond, entre les chênes, on aperçoit un dolmen. Au milieu du carrefour, un énorme faisceau de drapeaux de couleurs voyantes. Il fait nuit. La forêt n'est éclairée que par quelques torches portées à l'extrémité de lances. Près de l'autel, une source.

SCÈNE Ire.

CELTILL, Vercingétorix des Gaules, jeune guerrier couvert d'une riche armure. Ses cheveux blonds tombent jusque sur ses épaules. Il tient une lourde épée ornée d'or. CANTORIX, vieillard à cheveux blancs. L'Eduen VIRDUMAR, soldat à l'air farouche ; il est presque nu et chargé de colliers, de bracelets, d'anneaux aux bras et aux chevilles. L'Eduen EPOREDORIX, l'Arverne CALABER, le Rème BIORIX. Nombreux CHEFS gaulois. La plupart ont de longs cheveux blonds. Leurs costumes frappent par l'éclat des couleurs. Plusieurs portent des peaux de bêtes. Ils sont armés de longues lances, de fortes épées, de boucliers très hauts. — Autour de l'autel, DRUIDES, BARDES, PRETRESSES. Les Druides, vieillards en robes blanches, sont couronnés de chêne. Les Bardes portent des lyres et des harpes. Les Prêtresses, vêtues de noir, ont à la main des rameaux de chêne ; au cou et sur le front des couronnes de verveine, des colliers de fleurs, de coquillages, d'ambre, etc.

Au lever du rideau, le chef des Druides, monté sur l'autel de gazon, cueille le gui avec une faucille d'or. La plante tombe sur une robe blanche, et est distribuée aux chefs gaulois par des prêtres. Chaque chef, en recevant la feuille sacrée, se prosterne. Les uns l'attachent à leur casque, les autres à leur collier, plusieurs l'enfoncent avec leur épée dans le fond du fourreau. Pendant cette cérémonie, résonnent les harpes des Bardes.

CHŒUR DES BARDES.

La sainte science
Nous a découvert
Du gui toujours vert
La chaste semence !....

Quand le chêne est noir,
Quand la sève est morte,

1

Le gui nous apporte
La vie et l'espoir....

Sa feuille scintille
Au bord du rameau,
Comme une âme brille
Dans le noir tombeau !...

Sur la robe blanche
La faucille d'or
Fait tomber la branche :
Ainsi prend l'essor,
Vivante étincelle,
L'essence éternelle !....

Le gui est distribué tout entier. — Les chants cessent. — LE DRUIDE, descendu de l'autel, dit :

Au fond de ces forêts, sous la nuit du feuillage,
Loin des cris menaçants du Romain odieux,
Pour chasser à jamais la mort et l'esclavage,
Vous êtes réunis en présence des Dieux !...
Offrez sans crainte aux coups un corps invulnérable :
Ma main vous a livré la plante redoutable
Dont le parfum divin écarte le trépas...
Contre nos ennemis marchez donc à grands pas !...
Six ans sont écoulés depuis que la patrie
Sous le talon romain se tord, étouffe et crie,
Mais une aurore enfin brille sur le ciel noir !...
De longs tressaillements font frissonner la terre,
Et la Gaule obéit aux ordres du tonnerre :
La vengeance se lève avec le désespoir !...
Pour couronner vos fronts rayonnants d'espérance,
Docile à notre appel, le gui vient de fleurir !
Le prêtre maintenant retourne à son silence...
Le druide a béni, c'est au guerrier d'agir !
Délibérez en paix, pendant que ma prière
Du Dieu qui nous poursuit calmera la colère !...

Les prêtres et les prêtresses s'éloignent, se retirent au fond de la scène et se groupent autour du dolmen à moitié caché par les arbres.

CANTORIX. *Il est au pied de l'autel ; auprès de lui sont assis d'autres vieux guerriers.*

Frères, nous ne perdrons pas aujourd'hui de longues

heures à délibérer !... Quand, tout à l'heure, la lune nouvelle, en brillant au-dessus de cette forêt consacrée, ramènera avec elle une année inconnue, il faut qu'elle nous trouve tous déjà prêts à combattre !... Contre les infâmes légions romaines, il n'est plus en Gaule qu'un cri, longtemps, hélas ! répété en vain, mais maintenant vibrant dans tous les cœurs : La guerre sans repos, la guerre sans trève !

Tous les chefs agitent leurs lances, les frappent contre leurs boucliers en criant :

La guerre !!... La guerre sans trève !

CANTORIX.

Jamais les augures célestes ne furent aussi favorables. Il n'est pas une seule victime immolée dont les entrailles ne palpitent pour nous !... Du sein des airs, du fond des eaux, se lèvent et retentissent les voix des Dieux ! Votre oreille, trop longtemps sourde, les a enfin entendues !... Jamais, dans la sainte assemblée des députés de la Gaule, réunie auprès du cercle éternel de pierre, ne brilla d'un éclat aussi sombre le feu dévorant de la vengeance ! Jamais mes regards n'ont salué sous les chênes un faisceau aussi épais de lances et d'étendards !... En voyant s'agiter sous le vent de la nuit le reflet frissonnant de ces innombrables bannières, mes yeux, rongés par les larmes plus encore que par les ans, semblent recouvrer leur vigueur éteinte !... Je me crois de nouveau au temps déjà si éloigné où nous nous réunissions, non dans les ténèbres, mais à la lumière du soleil ; non pour repousser l'insulte et le vol, mais pour chanter librement sur la bruyère en fleurs les saintes hymnes des Dieux !.... Hélas ! ces purs souvenirs avaient été chassés de mon âme par l'horrible spectacle qui déshonorait mes derniers jours !... Notre patrie, cette mère sacrée, jadis respectée de l'univers, tombait en gémissant sous le poids de ses chaînes sanglantes ; chaque jour son front s'inclinait plus bas vers la terre... Allait-elle, pour la première fois, s'agenouiller devant un vainqueur ?... Non ! Elle s'est enfin redressée tout à coup ! Elle est debout aujourd'hui, et jamais elle n'a paru plus grande et plus menaçante !... Elle a reconquis sa bouillante jeunesse ; et nous, vieillards, qui errions fatigués autour de nos tombeaux trop lents à

nous engloutir, nous retrouverons notre jeunesse avec
elle!... Comme aux premières heures de notre adolescence, tous les Dieux semblent être de nouveau descendus dans notre cœur pour y célébrer une fête
pleine de chants et d'ivresses!... Ce ne sont plus
quelques provinces isolées qui se soulèvent contre
l'impie César ; nos trois cents tribus ont presque toutes
poussé ensemble le cri de guerre, et l'écho de ce cri terrible a suffi pour jeter dans les légions l'épouvante et
le tumulte... César, honteusement vaincu, a levé en une
nuit le siége de Gergovie, et ses Romains tremblants
ont fui comme des lièvres devant le héros gaulois, ce
jeune et brillant enfant (il désigne Celtill) qui, depuis un
an déjà, nous entraîne chaque matin au combat pour
nous faire goûter les fières voluptés de la victoire.
Gaulois! à cet enfant, envoyé du ciel, donnons de
nouveau le commandement suprême, et partons tous
aussitôt sous ses ordres! J'ai dit. Le plus âgé se tait
maintenant avec respect devant le plus jeune!... Noble
Vercingétorix, à toi à parler avant tous dans l'assemblée
des Gaules !... Pour qu'elle reconnaisse en toi son chef
et son maître, tu n'as besoin que de raconter ce que ton
courage vient d'accomplir!... Dis-nous comment tu as
fait du superbe César un fugitif éperdu, et l'ardeur qui
entraînait ton bras victorieux passera avec toutes ses
flammes dans tous les cœurs !...

CELTILL, s'avançant au milieu de l'assemblée.

C'est avec joie et fierté que je rapporte à l'assemblée
des Gaules l'épée de Vercingétorix qu'elle avait confiée
au plus jeune de ses guerriers !... Le fils de Celtill a
prouvé depuis un an que, malgré sa jeunesse, il n'était
pas indigne de marcher au premier rang !... L'orgueil
romain a été enfin brisé sous le fer gaulois! Teutatès est
vainqueur de Mars !... Avant que ces feuilles ne tombent, César aura laissé sa vie au bout de nos glaives
ou repassé les Alpes, en abandonnant, dispersées dans
nos champs, ses aigles jadis si insolentes! Notre éclatant
triomphe devant Gergovie a fait vibrer l'enthousiasme
jusque dans le plus caché de nos villages... Sachons
profiter de cet élan unanime!... César, en ce moment,
erre en désordre sur les rives de la Loire débordée ; il
cherche un gué introuvable pour rejoindre son lieute-

nant Labiénus, qui campe auprès de Lutèce avec l'autre moitié des troupes romaines; les deux armées sont donc séparées par un fleuve infranchissable, large comme un bras de mer; nos frères du Nord écraseront sans peine Labiénus séparé de César; c'est à nous d'écraser de notre côté les débris épars de l'armée du proconsul! A nos soldats, encore tout frémissants de la victoire, tout sera facile pendant quelques jours encore, car tout nous favorise... Les légions romaines se sont dispersées, pour chercher les vivres qui leur manquent et qu'on leur cache partout; leur défaite a abattu leur fierté; elles n'ont plus en César cette confiance absolue qui doublait leurs forces. Nous pouvons les noyer dans la Loire, et la Gaule sera libre! Mais hâtons-nous! Qui de vous ne sait trop quelle est la rapidité effrayante de cet homme! ses légions, pesantes comme des forteresses quand elles se précipitent sur nous, semblent, quand elles traversent la Gaule, courir sur les ailes du vent! Cette nuit même, il faut que notre Vercingétorix soit élu! César a déjà essayé de jeter des ponts; si le fleuve débordé résiste, vous connaissez ses bizarres caprices: il rentre dans son lit aussi promptement qu'il en sort.... Un seul jour de retard, et César nous échappe peut-être!...—Avec ce dernier conseil, je vous rends l'épée de Vercingétorix. (Il la plante en terre devant les drapeaux.) Le fils de Celtill n'est plus que votre frère et votre égal. Je n'ai d'autorité désormais que sur ma chère tribu arverne, qui se soumet avec moi aux ordres de l'Assemblée, et accepte le chef que vous donnerez à notre patrie... La Gaule m'a mis pendant un an à la tête de ses armées; cette dignité si enviée, je l'abandonne aujourd'hui, je l'avoue, avec tristesse, car je vous la rapporte au moment même où j'espérais enfin vous venger de César! Soumis docilement aux lois, j'ai remis mon pouvoir entre vos mains à l'heure fixée; mais maintenant, je puis vous dire et je vous dis : « Il faut qu'un bras vigoureux ressaisisse à l'instant cette épée! Jugez-vous que le mien, déjà habitué à la manier, mérite de la tenir encore?... »

Vive agitation. Cris divers. Tumulte. Les guerriers arvernes, qui entourent Celtill, crient : Qu'il la conserve toujours!... Vive le vainqueur de Gergovie!... Vive Vercingétorix!... Celtill est le sauveur de la Gaule!... — Dans un groupe opposé, composé d'Eduens, au milieu desquels est Virdumar [1] retentissent d'autres cris : Respect aux lois !... Vive Virdumar !... Vive Eporédorix !... Pas d'usurpateur !... Trahison !... Plus d'Arvernes pour chefs !...

EPORÉDORIX, au milieu du tumulte.

Ces cris confus ne peuvent élire personne...

VIRDUMAR, de même.

Celtill a voulu nous surprendre et nous forcer à lui rendre l'épée !...

Le silence se rétablit tout à coup, au son des harpes qui résonnent dans le groupe des druides et des bardes, qui chantent à demi-voix :

Dieu qui calmes les mers et fais la nuit sereine,
Esus, verse en nos cœurs ta douceur souveraine !...

Le silence est complet.

VIRDUMAR continue.

Le riche Celtill a eu le talent de se faire aimer de ses Arvernes ; je le félicite de l'affection bruyante qu'il a su leur inspirer. Mais ses fidèles compagnons ne doivent pas chercher ici à nous imposer un chef contre notre volonté ! Nous sommes envoyés par des tribus toutes égales ; chacun de nous a les mêmes droits, et pour ma part je ne suis pas venu des bords du Rhône pour laisser les tribus d'Arvernie usurper sur moi le moindre privilége !...

CANTORIX.

Déjà, hélas ! voilà que s'élèvent au milieu de nous la colère et la menace !... O mes enfants, je vous adjure au nom des Dieux qui nous contemplent, dans cette nuit solennelle, ne pensez qu'aux dangers immenses qui menacent votre patrie !... chassez loin de vos cœurs l'orgueil et l'ambition !... éloignez de vos lèvres les paroles haineuses !... Oublierez-vous toujours que, par le sang comme par le langage, vous êtes tous frères, et pouvez-vous être frères sans être amis ?... Ignorez-vous que de cette assemblée doit sortir la ruine ou le salut de la Gaule ?... Vous laisserez-vous entraîner à vos fureurs habituelles ?... O Dieux, qui protégez la Gaule, faites des-

[1] Sur cette assemblée gauloise, et sur le rôle donné aux Eduens, à Virdumar, à Eporédorix et au Rème Biorix, voir les *Commentaires de César*, liv. VII, ch. 39, 55, 63.

cendre du ciel au sein de ce conseil un génie bienfaisant dont la présence écarte de nous l'outrage brutal, qui blesse plus que le tranchant de l'épée, et l'ironie envenimée plus mortelle que la dent de la vipère !

VIRDUMAR.

De la bouche des vieillards sortent les plus sages conseils, comme de l'écorce des vieux chênes coule le miel le plus savoureux... Le vénérable Cantorix paraît être l'ami dévoué d'un chef trop vanté ; cependant je lui obéirai avec docilité, car nous devons fuir aujourd'hui les vains tumultes et les querelles amères !... Je suis descendu tranquillement dans mon cœur pour y chercher la vérité, et mes paroles paisibles la rapportent au milieu de vous sans l'altérer : Moi, député des Eduens, je pense que le fils de Celtill ne doit pas conserver le commandement des armées de la Gaule !

CALABER, Arverne placé à côté de Celtill.

Et pourquoi le député des Eduens pense-t-il ainsi ?

VIRDUMAR.

Déjà je l'ai dit. Parce que toutes les tribus de la Gaule sont égales !... Aucune d'elles ne doit s'arroger le droit de commander éternellement !.....

CANTORIX.

Est-ce donc commander éternellement que garder deux ans le pouvoir ?

VIRDUMAR.

C'est encore le garder trop longtemps quand on en a mal usé !

CALABER.

Celtill a mieux usé de son pouvoir que tu n'uses de ta langue !

VIRDUMAR.

Prends garde que je n'use trop bien de mon épée !...

CALABER.

On sait que tu la tires contre les Gaulois plus facilement que contre les Romains !

VIRDUMAR.

C'est contre les insolents comme toi qu'elle est surtout prête à sortir !...

CALABER.

Fais-nous la donc voir !... C'est sans doute un cadeau de César? elle doit être d'un métal plus précieux que les nôtres !... César mêle beaucoup d'or au fer qu'il donne : c'est là, dit-on, la trempe romaine !...

VIRDUMAR.

Si mon épée a reçu la trempe romaine, elle recevra dans ton sang la trempe gauloise !....

Il tire son épée et se précipite sur Calaber qui, de son côté, tire aussi son épée; on se jette entre eux, en criant: Respect à l'assemblée souveraine !... pas de sang dans le conseil !... — En même temps, les harpes résonnent, et les Bardes chantent au fond de la scène :

Esus !... verse en nos cœurs ta douceur souveraine !

Le silence se rétablit.

CANTORIX, qui s'est entretenu un instant avec Celtill.

Chef des Eduens, renonce aux paroles obscures !... tu jettes tes discours menaçants sur l'assemblée comme de sombres nuages d'où jaillit l'éclair sanglant des épées ! C'est une lumière limpide que tu dois verser sur nous avec tes paroles. Tu es devant le conseil suprême ! Dis sans crainte ta pensée; laisse les mots ambigus, et n'agite plus devant nous ces lueurs fuyantes qui irritent l'œil sans l'éclairer.

VIRDUMAR.

Oui, je parlerai ; oui, j'accuserai hardiment ! Et je forcerai la Gaule à châtier un coupable qu'elle caresse aveuglément ! Ce n'est pas l'audace dédaigneuse qui manque à Celtill ! On voit qu'il est fils d'un roi ! Il s'est toujours avancé sans fatigue sur la route de la vie, si pénible pour nous; cependant, rien dans sa fortune ne semble l'étonner ! Elu général, je ne sais pourquoi, quand il avait à peine l'âge d'être soldat, il a vu la Gaule tout entière se soumettre à ses volontés; pendant un an, il a pu la conduire à sa fantaisie, au gré de ses caprices de jeune homme.... Ce n'est pas assez pour lui ; il faut qu'il reste possesseur de ce pouvoir dont le hasard l'avait armé pour notre malheur !... Sa main, vraie main royale, est de celles qui s'attachent au sceptre avec une telle énergie qu'elles ne peuvent plus s'en détacher dès qu'elles l'ont saisi une fois... Et il ose exiger de nouveau un commandement qu'il a déshonoré par la trahison !...

CALABER, d'une voix sourdement irritée.

Où sont les preuves de cette calomnie ?

VIRDUMAR.

Toute l'armée pourrait les donner. Oui, ce héros dont vous vantez l'ardent amour pour la Gaule, n'est qu'un traître qui s'est glissé au milieu de nous pour nous perdre ! Ne savez-vous pas que Celtill, il y a trois ans à peine, ne vivait qu'au milieu des Romains ? Ne suivait-il pas César dans toutes ses marches ?... Qui peut dire même s'il n'a pas porté ses armes contre nous ? César le choyait comme un fils; chaque jour il l'appelait à sa table et le faisait asseoir à ses côtés ; pourquoi ce nourrisson du proconsul a-t-il quitté tout à coup le camp romain ?.. Pourquoi est-il accouru parmi nous ?.. Pourquoi s'est-il mis avec éclat à la tête de sa tribu arverne ?... Parce que César l'a voulu et le lui a ordonné ! ce retour était comploté avec le perfide ! «Va, lui a-t-il dit, tu as dans « ton pays d'immenses richesses, répands-les habilement, « gagne la confiance des Gaulois, prends leur comman- « dement, et bientôt livre-les moi ! Donne la Gaule à « Rome, et Rome t'en fera roi !...» — Un Dieu ennemi vous a aveuglés. Dupes de cette renommée de Celtill parmi les Arvernes, renommée achetée à prix d'or, vous avez élu général un misérable transfuge !... Dans les détours tortueux de cette vie qui paraît être si pure, ne reconnaissez-vous pas maintenant un des savants ouvrages de la ruse romaine ? Celtill est le digne élève de l'ingénieux César, aussi subtil que cruel ; comme un lac aux eaux transparentes, pleines de bêtes venimeuses, ce front si pur cache un amas fétide de trahisons ; ses yeux, dont la douce lumière vous a fascinés, sont comme ceux du serpent, qui brillent et qui tuent !... Vous êtes charmés par ses discours d'une éloquence si simple et si peu trompeuse en apparence : elle ressemble à ces plaines si unies et si vertes que le voyageur rencontre parfois au bord de nos fleuves; il croit pouvoir les traverser sans danger ; mais à peine a-t-il fait quelques pas, qu'il est englouti et meurt en maudissant cette herbe si douce et ces fleurs souriantes qui cachent un abîme de boue et de fange !...

CALABER.

Virdumar est abondant en paroles sonores comme son bouclier de cuivre, et brillantes comme son manteau rayé ; mais nous attendons toujours en vain les preuves de cet intarissable mensonge !...

VIRDUMAR.

Mes preuves ? mais ce sont ces ordres funestes auxquels vous n'avez obéi qu'en frémissant, sans savoir, par malheur, en reconnaître l'inspiration détestée !... Il y a quelques mois, malgré six ans de guerre acharnée, les Gaules étaient encore couvertes de cités florissantes ; là vivaient nos familles, là se fabriquaient nos armes, là se gardaient toutes nos ressources pour nos hivers.... Où sont maintenant ces villes, orgueil de la patrie ?... Des traces fumantes en indiquent la place à nos yeux épouvantés !... Autour de nos cités, comme une ceinture d'or, étincelaient sous le soleil d'opulentes moissons ; le feu, allumé par des torches parricides, en a fait des monceaux de cendres, noir rempart qui entoure de sombres décombres ! Qui donc a voulu faire de la Gaule un horrible désert ?... Qui donc a ordonné cet incendie sauvage ?... L'élève docile, le lieutenant gaulois de César [1]... !— En nous envoyant son jeune favori, César a réussi à nous faire ravager notre patrie par nos propres mains !... C'est à peine si quelques voix isolées, impuissantes, se sont révoltées contre cet ordre impie ; Celtill a pu, plein de joie, annoncer un jour à César que la flamme dévorait la Gaule !... — Nous étions dépouillés de nos richesses ; ce n'était pas assez !... Il fallait encore anéantir notre armée en la livrant à César ! — Si parfois les Dieux ne jetaient sur nous un regard de pitié, ce second forfait serait déjà accompli comme le premier !... Vous rappelez-vous le siége d'Avaricum ? Vous rappelez-vous cette nuit où Celtill nous quitta tout à coup avec toute la cavalerie, et laissa notre camp sans ordre, sans

----

[1] *Commentaires*, liv. VII, ch. 14 et 64.

chef [1]. A peine s'était-il éloigné, que César arrivait avec ses troupes; il resta longtemps devant notre camp, l'observant, semblant attendre... S'il nous avait attaqués, nous étions tous massacrés jusqu'au dernier; quelque signal convenu avait été sans doute oublié; César se retira lentement, mais il n'y a pas un soldat qui n'ait senti que ce départ de Celtill avait livré le camp privé de défense à une surprise qui devait, sans l'aide inattendue d'un Dieu, arracher à la Gaule, avec son armée, son dernier appui! Quand, le matin, le traître reparut au camp, où il espérait trouver César vainqueur et recevoir sa vile récompense, les menaces et les plaintes s'élevèrent de toutes parts, mais ses Arvernes les étouffèrent par leurs cris habituels... Celtill a su, ce jour-là, éviter le châtiment; qu'il n'y échappe pas aujourd'hui!... Le plus sûr moyen de terrifier César, et de lui montrer que la Gaule est plus invincible que jamais, c'est de lui envoyer la tête de son complice!... Que Celtill reçoive ici, immédiatement, devant tous, la mort due aux traîtres!... Son père, convaincu jadis d'avoir voulu courber son peuple sous sa tyrannie, a été justement immolé; le fils, héritier de ses crimes, doit hériter de son supplice!... J'ai parlé... personne n'accusera plus ces paroles d'obscurité timide!...

CALABER tirant son épée.

Non, leur infamie est aussi évidente que la tienne! Aussi c'est avec ton sang.... (Il veut se précipiter sur Virdumar, Celtill l'arrête.)

CELTILL.

Ami, contiens-toi! tu vois combien je suis calme; imite mon exemple. J'ai pâli, mais je n'ai pas de colère... chacune de ces paroles a pénétré en moi comme un poignard glacé; j'ai froid au cœur; mais touche cette main, elle ne tremble pas: je te le répète, non! je n'ai pas de colère!... Laisse-moi seul me défendre; seul je répondrai à ces étranges accusations qui éclatent aujourd'hui avec tant d'artifice et de violence dans le conseil, après avoir sans doute couru en sourds murmures dans toutes les tribus jalouses de la nôtre... Je devine maintenant le sens de ces vagues rumeurs qui étaient venues parfois à mon oreille, et que je n'avais pas même dédaignées; car je ne

[1] *Commentaires,* liv. VII, ch. 20 et 21.

les avais pas comprises. Il y a des forfaits dont une âme
pure se refuse à concevoir même l'existence !... Oui, vous
avez raison, je suis trop jeune, je crois encore trop sincèrement à une puissance irrésistible, accordée par les
Dieux à l'innocence et à la vertu !... Mais, grâce à vous,
en quelques instants j'ai vieilli de bien des années !...
je m'avançais dans la vie avec une confiance tranquille et naïve que le souffle de vos paroles vient tout à
coup d'éteindre, comme un souffle attardé de l'hiver qui
fane et flétrit les parfums du printemps !... Vous avez
jeté en moi les racines amères du doute... Une force
m'a quitté ! ... Ma foi paisible en votre affection déserte
mon cœur en même temps que s'arrête cet élan intérieur
qui m'entraînait en avant malgré moi... Je ne trouve
plus dans mon âme tarie qu'un mélange d'horreur et
d'indignation ; je voudrais me taire, et il faut que je
parle ! Ne vous étonnez pas que les mots n'arrivent
qu'avec peine à ces lèvres que je sens blanchir et se fermer malgré moi.., songez que tout à l'heure encore... un
instant à peine me sépare de ce passé qui me paraît si
éloigné... j'étais votre général... obéi... victorieux... ac-
clamé !... je suis maintenant le plus vil des accusés !!.....
O mon père, que ton âme héroïque vienne fortifier la
mienne ; et si ta destinée m'est réservée, donne-moi pour
la subir un courage pareil au tien !.. La haine m'a poursuivi jusque dans ce père adoré que j'implore en ce moment comme un Dieu inspirateur : écoutez donc quelle
fut sa vie, vous saurez quelle fut la mienne !... Comme lui
je voudrais mourir sur le bûcher, si comme lui je meurs,
pour la gloire de ma patrie... Oui ! c'est pour la liberté
et la grandeur de la Gaule qu'il est mort, victime de
cette même jalousie envieuse qui renaît et me poursuit
aujourd'hui !... Il a été immolé par ses ennemis comme
je vais être tué par vous ; mais cette mort ne m'effraie
pas !... Je renoncerai plutôt à la vie qu'à l'ambition sacrée que mon père m'a léguée !... Du Rhin aux Pyrénées, faire de nos trois cents tribus un seul et même peuple, soumis à la même loi comme il est soumis à la
même langue ; voilà quelle était son ambition !... Il a
voulu contraindre à l'amour des cœurs pleins de haine ;
voilà son crime ! ... Sa tyrannie prétendue a été cette
domination naturelle dont les âmes basses font un crime
au génie et dont elles se vengent par la calomnie meur-
trière !... Son front n'a jamais rêvé le vain bandeau des

rois; c'est une autre royauté qu'il rêvait, la royauté de
la Gaule sur l'univers!!... Voilà le rêve, voilà l'ambition
qu'il m'a laissée! Ce que ma main essaie de serrer, ce
sont des liens pour vous unir et non des chaînes pour
vous déshonorer!... La couronne! pendant trois années,
César l'a fait briller chaque jour à mes yeux, et c'est
parce que j'étais las de la repousser que je me suis en-
fui de son camp. Oui, j'ai vécu longtemps auprès de
lui, mais à quel titre? comme otage, comme prisonnier
précieux, comme esclave! On me flattait pour m'a-
vilir... Le jour où César avait envahi l'Arvernie, le
premier j'avais été brutalement enlevé, garrotté; avec
tous les enfants de la noblesse, j'ai été traîné loin de
mes montagnes, et j'ai suivi partout César comme un
gage de la honte de mon pays! Pendant cette captivité,
le proconsul me montrait une affection dont je n'ai pas
aperçu d'abord, je l'avoue, la raison cachée; enfant,
j'aimais qui semblait m'aimer; je ne savais pas me défier d'une main caressante; punissez aujourd'hui, si vous
en avez le courage, la candeur de mon enfance. Hélas!
je perdis vite cette première illusion, car dès que mon
jeune cœur sut battre d'amour pour sa patrie, il battit
de haine pour César!... Malgré la garde attachée à
tous mes pas, je m'échappai de son camp au péril de ma
vie; je rejoignis ma tribu au fond de ses profondes vallées; je la fis rougir de sa soumission paisible; à ma voix
elle se révolta, et bientôt après vous me récompensiez
de cette insurrection inespérée en me nommant Vercingétorix. Voilà toute ma vie... est-elle coupable?... J'ai
promis comme mon père de vivre et de mourir pour la
Gaule... j'ai vécu jusqu'à ce jour pour elle; aujourd'hui,
pour elle, je suis prêt à mourir. Envoyez-moi vers mon
père! en se réunissant, nos âmes joyeuses s'embrasse-
ront sous l'œil des Dieux; car, je le jure, j'ai tenu
comme lui mon noble serment!...

Agitation extrême dans l'assemblée. Acclamations : Vive Celtill! il
est innocent! Les Arvernes entourent Celtill, qui se jette au cou de
Cantorix. Virdumar reste presque seul à droite; un peu troublé, il
paraît adresser tout bas quelques reproches aux guerriers qui l'entourent et les consulter.

VIRDUMAR.

Ton père a pu être calomnié; je n'appartiens pas à ta
tribu, j'ai dû répéter les bruits qui ont couru dans la

Gaule. J'admets l'innocence de ta vie passée, mais tu ne justifies pas ta conduite depuis un an.

CELTILL.

César est aujourd'hui en fuite, voilà ma seule défense !

VIRDUMAR.

Il était facile de le vaincre sans brûler nos villes !...

CELTILL.

Facile de le vaincre !... Qui l'a vaincu avant moi ?... Personne !... La Gaule ne repoussera les légions que le jour où elle sera unie ; jusque-là, il n'y a qu'un ennemi qui puisse triompher de César, c'est la disette ! Je vous ai ordonné de brûler nos villes, et aussitôt est accourue pour nous défendre une alliée nouvelle, invisible et partout menaçante : la famine !... Comme un oiseau de proie avide de sépulcres, elle a étendu au-dessus des légions ses ailes pâles. Un silence inquiet a régné dans les camps romains, et le rire insultant du soldat s'est éteint tout d'un coup ; pour lui un soleil de mort s'est levé, ne lançant sur la terre que de froids rayons ; partout où la lumière féconde envoyait la chaleur et le courage, se sont glissés les noirs frissons de la peur, et en quelques jours ces troupes si solides se sont rompues d'elles-mêmes, n'offrant plus à nos coups que des bandes dispersées, faciles à écraser. Hélas ! que n'ai-je été mieux obéi !... l'armée de César n'existerait plus !... — Répondrai-je enfin à ta dernière accusation, qui me fait pitié ! Tu choisis mal, Virdumar, l'endroit où tu veux frapper. Si, pendant la durée de mon commandement, j'ai prouvé une fois que je méritais votre confiance, c'est pendant cette nuit même où César a fui à l'aspect seul de mon camp ; tant sa position était bien choisie, tant je l'avais rendue inexpugnable ! Que cherchez-vous donc dans un général ? Ce n'est pas la bravoure ; c'est là une qualité trop commune parmi nous. En Gaule, le dernier soldat est, par le courage, l'égal du premier de ses chefs ! Ce qui désigne aux grades suprêmes, c'est la connaissance profonde de l'art difficile de la guerre. Dès que j'ai su penser, cette étude a été mon travail unique ; prisonnier dans le camp même de César, j'ai épié et surpris une partie de ses secrets, pour les tourner plus tard contre lui. Choisir habilement la position de ses camps, voilà un de ses secrets les plus dangereux ! Pendant cette nuit dont on vous parle, César a reconnu combien j'avais profité de ses leçons!... Vous m'appelez ironiquement son élève; oui, je le suis, et c'est un bonheur pour la Gaule!... — Acclamations: Vive Celtill!

VIRDUMAR, irrité et moqueur.

Ainsi, désormais, nous devons tous nous résigner! nous n'aurons plus pour général que le fils de Celtill, parce que, plaisante raison, le fils de Celtill a été élevé par César!...

CELTILL.

Je suis prêt à céder le pouvoir et à obéir le premier et le plus docilement de tous au chef de la tribu qui aura rendu à la Gaule plus de services que moi-même!

VIRDUMAR, fièrement.

Et quelle tribu en a donc rendu de plus éclatants que celle des Eduens?... Tu as défendu Gergovie; n'avons-nous pas pris Nevers, où nous avons trouvé le trésor de l'armée romaine, tous ses bagages, toutes ses réserves d'armes?... Le chef qui remporte la plus belle victoire n'est pas celui qui force l'ennemi à fuir le plus loin, c'est celui qui l'affaiblit davantage. Tu as pu faire reculer César sans commencer seulement à le vaincre!... Qu'importe qu'il soit sur les bords de la Loire ou sur les bords de l'Allier, s'il est toujours menaçant!... Mais il ne l'est plus, grâce à nous, qui l'avons dépouillé de tout!... Ces services effacent facilement les tiens, et c'est en les rappelant que la tribu des Eduens prétend à son tour donner à la Gaule son Vercingétorix!

L'Eduen EPOREDORIX.

Sans notre cavalerie, que feriez-vous?

VIRDUMAR.

Croyez-vous qu'il n'y ait pas des héros sur les bords du Rhône, comme dans vos montagnes d'Arvernie?

EPOREDORIX.

Depuis un an on ne parle plus que des Arvernes!

VIRDUMAR.

C'est d'ailleurs dans notre province seule que l'on peut couper la retraite à César!

CELTILL.

J'aperçois enfin le vrai motif de vos accusations!
je regrette de m'être défendu si vivement!... Vous
voulez le pouvoir, non pour la Gaule, mais pour vous!
Cette épée que vous cherchez à conquérir par la calomnie, je vous la céderai maintenant sans regrets!...
Ah! vous avez jeté sur mon âme une ombre ineffaçable!... Si j'en croyais la tristesse qui m'accable, je
penserais que la vertu peut avoir ses remords comme le
crime... Pourquoi suis-je venu à ce conseil? j'aurais
dû rester au camp; chef ou soldat, j'y étais plus utile!
Calmez votre ardeur égoïste, je ne discuterai pas longtemps. Je suis déjà las de cette lutte où l'amour de la
patrie est remplacé dans les âmes par l'ambition et par
l'orgueil. Je venais ici pour parler de la Gaule et non de
moi-même; je ne dirai plus un mot pour me défendre.
L'assemblée connaît votre passé et le mien; elle est souveraine; qu'elle décide!...

Le vieux CANTORIX, menaçant.

L'assemblée n'hésitera pas longtemps! les Eduens
viennent à peine d'entrer dans notre alliance, et déjà
ils veulent nous dominer! déjà ils prétendent obtenir le
commandement!... Vous vous vantez de la prise de
Nevers! Il faudra cent victoires pareilles pour effacer le
souvenir de vos mille trahisons!... Depuis six ans, combien de fois a-t-on vu vos députés à nos assemblées?...
jamais vous n'y êtes apparus!... vous prêtiez des soldats
à César! vous aidiez au massacre de vos frères; et si vous
accourez aujourd'hui au milieu de nous, c'est parce que
les légions romaines sont en fuite... parce que vous
craignez que notre vengeance ne suive bientôt notre
victoire!... Vous méritez à peine d'être admis dans l'assemblée où vous avez l'audace d'élever une voix ambi-
tieuse et insolente!...

VIRDUMAR.

Si nos frères nous accueillent ainsi, nous rompons l'alliance et nous conduisons toutes nos troupes à César,
qui lui, au moins, ne nous a jamais insultés!...

CELTILL, avec un sourire doux et triste.

Non, frères aveugles, non! César ne vous a pas insultés, mais il a levé tribut sur vous! n'est-ce pas la plus

dégradante des insultes? César a su vous charmer par sa
douceur, par son sourire et par ses caresses; mais, derrière lui, sont venus bientôt les impôts impitoyables, les
violences honteuses, et vous avez alors amèrement re-
gretté d'avoir accepté le titre trompeur d'*amis du peuple
romain!* Je ne vous reproche pas votre erreur, elle a
été expiée par vos souffrances! En venant ici vous réunir
à nous, vous réparez tout le passé, et moi, que vous dé-
testez, moi, que vous venez d'accuser si durement, je
vous défendrai!... Frères, ne blâmons jamais aucune tribu
gauloise d'avoir accepté un jour l'alliance romaine; César
n'a-t-il pas paru dans les Gaules comme un bienfaiteur,
comme un sauveur? Ne vous rappelez-vous pas qu'il nous
offrait généreusement ses soldats pour nous protéger
contre les tribus germaines, qui prétendaient, comme
toujours, passer le Rhin et envahir notre territoire? Pour
nous aider dans cette difficile campagne, il ne demandait
aucune récompense, aucune solde. Il nous aimait, di-
sait-il!... Ne reprochons aujourd'hui à personne d'avoir
cru à sa parole, car nous aurions été trompés, comme
nos frères du Rhône, par la franchise apparente de ses
discours! C'est un noble trait du caractère gaulois d'a-
jouter une foi naïve à tout ce qu'une bouche d'homme
affirme!... Nous ne supposons jamais le mensonge, parce
que nos lèvres l'ignorent comme notre âme. César nous a
appris à connaître la foi romaine; nous savons maintenant que les Romains ne font pas la guerre comme ceux
qu'ils appellent des barbares... La guerre des peuples
civilisés, c'est la guerre perfide, qui ne sera jamais la
nôtre, car au lieu d'être notre joie suprême, elle serait
alors notre supplice!... Tribus du Rhône, vous avez été
victimes de ces ruses honteuses; une victime mérite d'être
plainte et non d'être condamnée... Depuis que vous avez
rompu les liens dont César avait su vous enlacer, vous
avez bravement combattu à côté de nous, peut-être
même, comme vous le dites, avez-vous combattu mieux
que nous. Que votre chef soit donc le nôtre à tous, si la
Gaule le veut! Virdumar, donne-moi ta main! C'est moi
qui te présenterai à l'assemblée : tu n'es plus mon ennemi.

— Frémissements dans l'assemblée.

VIRDUMAR, très ému, tenant la main de Celtill qu'il serre
affectueusement dans les siennes.

Je ne suis plus ton rival!... En touchant ta main, j'ai

2

senti qu'elle était, plus que la mienne, digne de saisir cette épée. (Il désigne l'épée de Vercingétorix.) Gaulois! je renonce aux honneurs auxquels je prétendais injustement! Que les vieilles haines qui séparent les tribus du Rhône et les tribus d'Arvernie soient éteintes pour jamais! Nous saluons le fils de Celtill pour notre chef; c'est mon vœu et celui de mes frères les Eduens!... Il n'est pas ici un guerrier dont le cœur soit plus généreux; il n'est pas de bras plus digne de triompher de César!... L'âme de la Gaule vit en lui, car il n'en est pas de plus noble et de plus grande!...

Choc des boucliers. Acclamations : Vive Celtill! vive le Vercingétorix!... Pendant ces acclamations, résonne au loin un cri [1]; Cantorix se lève et dit :

CANTORIX.

Frères, j'ai entendu un cri lointain! Un message franchit les montagnes! écoutons!...

Une partie des guerriers se penche l'oreille à terre. Le cri retentit de nouveau, mais encore trop éloigné pour qu'on puisse le distinguer.

CANTORIX.

Il approche, écoutez !... il vient du Nord !.. c'est un message de Lutèce assiégée !... c'est Camulogène qui nous l'envoie !... le vaillant vieillard a sans doute vaincu Labiénus...

Le cri retentit de nouveau, encore plus rapproché ; on peut distinguer les paroles, et l'on entend :

Camulogène est mort, Labiénus est vainqueur !

Tous les guerriers se relèvent ; un frisson parcourt l'assemblée, et tous répètent à demi-voix :

Camulogène est mort !... Labiénus est vainqueur !

CANTORIX, d'une voix désespérée.

Camulogène mort ! Labiénus vainqueur !... ce message est plus sombre que la nuit qui nous entoure !... O mon âme, retourne à ta douleur !... sinistres pressentiments, revenez m'accabler !... Hélas !... pendant que ces forêts retentissent des vaines querelles des chefs, les eaux de nos fleuves se rougissent du sang des soldats !... Pendant que vous perdez cette nuit sainte en orgueil-

---

[1] *Commentaires*, liv. VII, ch. 3.

leuses disputes, la Seine roule à l'Océan les cadavres mutilés de vos fils !...

Silence. — On entend encore une fois le cri qui s'éloigne.

Va, cri maudit ! continue de bouche en bouche ta route funèbre ! cours vite... touche aux frontières de la Gaule avant que le soleil ne paraisse, et ne souille pas la lumière du jour de notre honte ! Vole dans les ténèbres comme un oiseau de l'enfer ! Ne pose ton aile sanglante que sur les cimes escarpées, et ne descends pas dans nos vallées pour arracher des cœurs l'espoir et le courage !... respecte le repos de nos femmes et l'innocent sommeil de nos enfants ! Va vite jusqu'aux rivages de la mer, et que ta voix sinistre s'engloutisse en gémissant dans les flots !... Que ne puis-je m'y engloutir avec toi !...

Le cri retentit très éloigné.

CELTILL, calme et triste.

Frères, ce cri nous a percé le cœur comme une lance empoisonnée !... De toutes nos tribus, la tribu des Parisiens est la plus vive et la plus alerte au combat ; notre armée sans elle serait comme la flèche dépouillée des plumes légères qui assurent l'élan et la justesse du trait... Si Labiénus l'avait massacrée tout entière, il n'y aurait plus de joies pour nous, même dans nos triomphes, car la Gaule sans les Parisiens, c'est l'alouette sans sa vive chanson !... Mais qui nous affirme que la défaite soit si désastreuse ?... écartons le désespoir, et sachons d'abord quel est notre malheur !... Le message ne parle pas de Lutèce ; elle n'est donc pas prise... et cette forteresse, entourée de tous côtés par la Seine, peut abriter toute une armée !...

Entre un Druide.

LE DRUIDE.

Un cavalier qui arrive de Lutèce demande à pénétrer dans l'assemblée... le voici...

Entre un soldat presque nu, sans casque, échevelé, couvert de sang ; il s'appuie sur un tronçon de lance.

LE SOLDAT.

Chefs vénérés, vous avez déjà entendu le message qui ne m'a précédé que de peu d'instants ; j'entrais dans la forêt sacrée quand il a retenti à mes oreilles ; je n'ai plus à vous annoncer notre défaite !...

CANTORIX.

Nous savons que Camulogène est mort, mais son armée, qu'est-elle devenue? parle; tu arrives comme un envoyé des Dieux; parle vite, et raconte-nous ce funeste combat... tout est-il perdu?...

LE SOLDAT.

Comment vous dirai-je si tout est perdu?... je ne suis qu'un soldat... je vous dirai simplement ce que j'ai vu ; hélas! c'est trop déjà! Notre cité, vous le savez, occupe une île tout entière de la Seine; Camulogène, à l'approche des Romains, avait fait couper nos deux ponts [1]. Labiénus a paru sur la rive gauche... son premier assaut, nous l'avons glorieusement repoussé, et une partie de ses légions a été noyée dans les vastes marécages qui entourent la Bièvre. Il a reculé, mais ce n'était que pour rallier ses troupes et passer le fleuve; quelques jours plus tard, nous l'avons vu reparaître sur la rive droite. De ce côté opposé à Rome, Lutèce est presque sans défenses; résister était impossible. Nous avons obéi aux ordres du Vercingétorix, nous avons mis le feu à la ville !... malgré la ruine de notre chère cité, nous étions joyeux, car les tribus du Nord nous avaient promis leur secours : Labiénus était cerné, nous allions l'écraser et le sacrifier sur les cendres de Lutèce!... Encore une fois, hélas! la ruse a eu raison du courage! Labiénus, un matin, a simulé avec ses bagages un mouvement vers la mer; et la nuit, son armée, au contraire, remontait le fleuve, le franchissait... notre petite armée, dispersée, surprise, s'est trouvée subitement en présence de trois épaisses légions!... Le vieux Camulogène a vu le sort qui l'attendait; il s'est élancé au combat en nous criant : « Soyez libres par la mort, si vous ne l'êtes par la victoire ! » Son épée a longtemps tracé dans les rangs romains des sillons sanglants ; mais seul contre des cohortes entières, il a été massacré sous mes yeux, pendant que je tombais moi-même à ses côtés et que j'étais fait prisonnier !... J'ai vu une épée romaine lui ouvrir le crâne; sur sa longue chevelure blanche, qui ressemblait sur son front à un casque d'argent, a ruisselé tout à coup un rouge panache qui l'a couverte d'un réseau

---

[1] *Commentaires*, liv. VII, ch. 58.

fumant!... La mort de notre chef a décidé notre massacre... la tribu parisienne a été digne de sa gloire ; elle
est morte, mais elle n'a pas reculé... chacun est resté
à son poste, d'abord debout, puis couché, et l'ordre
des bataillons sera l'ordre des tombeaux. Malgré
la résistance acharnée de nos femmes, notre camp a
été pris, pillé !... Que sont devenues ces femmes et ces
jeunes filles qui, la veille, avaient quitté Lutèce en
flammes ! Hélas ! à cette pensée la rougeur me monte
au front ! aucune n'a pu fuir... La fille de Camulogène
elle-même, la belle Lutétiana est maintenant esclave !
Je l'ai vue, les bras liés et courbant le front sous les
hommages insultants de grossiers soldats... on la condui-
sait vers Labiénus qui, sans doute, la réservera pour
César ! Jamais ce chauve impur n'aura profané de son vil
amour une vierge plus sainte ! Elle brillait dans Lutèce
comme brille l'épée d'un brave dans la mêlée... elle était
l'orgueil de notre tribu ; elle en sera la honte !... Le pillage de notre camp a été pour ces débauchés le signal
d'une fête infâme ; pendant leurs orgies, j'ai réussi à fuir
sur le cheval d'un tribun ; je savais que l'assemblée
des Gaules se réunissait aujourd'hui ; j'ai couru sans
m'arrêter, malgré ces blessures qui saignent encore...
je ne les avais pas senties jusqu'à présent !.. mais à mesure
que je parle... mes forces s'en vont... (Il paraît saisi par
le délire.) Les Romains sont vainqueurs... pourquoi voulez-vous vivre ?... mon chef me l'a promis... je serai
libre par la mort... Adieu!.. (Il tombe à terre.) Je vous re-
verrai un jour... chênes sacrés !... dans ma nouvelle existence... je reviendrai sous votre ombre... quand César
sera tué... quand Rome nous appartiendra... comme
jadis... jusque-là... creusez profondément, profondément... cachez-moi sous la terre... Ma tribu morte est
étendue là-bas... au bord du fleuve... portez mon corps
avec elle... je tendrai ma main blessée... à mes frères...
ensemble... nous attendrons !... (Il meurt.)

CANTORIX s'approche de lui, soulève son bras et dit tristement :

Il est mort !... qui de vous sait son nom ?... personne !
Hélas ! c'était un héros, et il meurt inconnu ! sa gloire
sera pour d'autres !... O patrie oublieuse ! combien de
cœurs sublimes exhalent pour toi leur dernier soupir, sans que tu l'entendes ! Ce soldat était un de tes plus
nobles enfants ; il t'a donné sa vie, et tu ne pourras pas

même lui donner la tombe qu'il désire ! Il sera enseveli
loin de ses pères, et nulle voix connue ne viendra consoler son ombre en répandant sur la terre qui le cou-
vrira quelques paroles amies ! Sur ses restes poussera
tristement la pâle fleur de l'oubli !... Cet oubli t'attend
aussi, Gaule infortunée ! bientôt peut-être, tu vas descendre au tombeau, et un Romain jettera sur ton cadavre une pierre sans nom que le pied de tous les peuples
foulera sans la voir !

BIORIX, marchand de la tribu des Rèmes. Il n'a pour arme qu'une
lance, et des braies couvrent ses jambes.

Il est un moyen que cette pierre d'oubli et de honte
ne tombe pas sur nous pour jamais. En quelques
jours, nous pouvons avoir retrouvé la sécurité et la
paix. Depuis six ans, nos épées n'ont pas laissé à César
un instant de repos ; il lui a fallu sans cesse courir du
Rhin aux Pyrénées, de l'Armorique aux Alpes ! De là
son impitoyable colère et ses cruautés ! Je ne blâme
point cette résistance, mais notre nouvelle défaite nous
prouve aujourd'hui que nos succès n'auront jamais une
longue durée. Il était beau d'essayer de vaincre : il serait absurde d'être obstiné quand on est impuissant ! Nous
avons continué la lutte assez longtemps pour notre
gloire ; nos intérêts vous ordonnent maintenant de la suspendre. C'est toujours la voix des soldats qui a prévalu
dans vos conseils ; laissez aujourd'hui l'autorité à ceux
de vos frères qui enrichissaient jadis la patrie par leurs
échanges avec les Romains, et qui sont dépouillés et misérables. Les ennemis volent maintenant ce qu'ils ache-
taient autrefois à prix d'or ; la guerre légitime pour eux
tous les crimes. Que la guerre cesse donc ! si Rome veut
nous appeler ses sujets, laissons à son orgueil cette vaine
satisfaction. Pourquoi reculer devant un mot, si nous
lui devons une vie tranquille et calme ? Nous avons gagné
une victoire devant Gergovie ; sachons vite en profiter
pour obtenir de meilleures conditions. Je propose que
deux députés soient envoyés immédiatement à César
pour traiter de la paix.

Murmures.

CANTORIX.

Et moi, je propose que l'assemblée t'envoie aux en-
fers pour traiter de ton supplice avec les furies romaines. J'avais cédé à la vieillesse, j'avais laissé le découra-

gement énerver mon âme ; mais les paroles de ce marchand de lâchetés me rendent toute l'énergie de ma haine contre César, et je suis prêt à repartir avec joie pour le combat !...

Acclamations.

VIRDUMAR.

Nous partirons tous avec toi !...

CANTORIX.

Que veut l'assemblée : la paix ou la guerre ?

TOUS, en brandissant leurs lances :

La guerre, la guerre éternelle !...

CANTORIX.

Quel châtiment mérite un Gaulois qui a proposé la paix avec César ?

TOUS.

La mort !

CANTORIX, à Biorix que l'on a désarmé et jeté à terre.

Tu as été envoyé par ta tribu pour nous convertir à l'infamie ; tu ne lui porteras pas ta réponse !...

VIRDUMAR.

Son sacrifice nous rendra Teutatès favorable : Teutatès aime qu'une victime humaine sanctifie les jours solennels ! Que le lâche soit porté sur la pierre du sacrifice, et que nos prêtres cherchent dans ses entrailles ouvertes la volonté des Dieux !...

TOUS.

Au dolmen le traître !

Les harpes des Bardes font entendre une musique douce jusqu'à ce que Celtill parle.

VIRDUMAR.

Celtill est notre Vercingétorix : qu'il saisisse son épée et qu'il perce le premier le cœur de l'infâme ! Retrempons nos âmes dans la vue du sang humain, et, comme nos aïeux, réunissons sur cette tête impie tous les crimes que les Dieux ont punis en nous envoyant César !

CELTILL s'est approché de l'épée et l'a prise.

Ma main reprend cette épée que vous lui avez rendue,

mais le premier sang qu'elle versera ne sera pas celui
d'un Gaulois! C'est du sang des Romains que cette épée
doit se teindre et non du nôtre! Nous sacrifions des victimes humaines sur les champs de bataille; n'en sacrifions pas sur nos autels! J'ai le droit maintenant de
rendre l'existence comme j'ai le droit de l'ôter : ma première parole donnera la vie à cet homme digne de trop
de mépris pour mériter de la colère, esprit faible égaré
par la cupidité, mère de toutes les lâchetés! Laissez-le!
Va, si tu veux, dire à César ce que tu as entendu parmi
nous, et César verra que nous ne craignons rien, même
la trahison!

BIORIX, se jetant aux genoux de Celtill.

Généreux Celtill, crois-tu donc...

CELTILL, se reculant.

Insensé, ne me touche pas! Je t'ai laissé la vie, va la
cacher et l'expier dans quelque désert lointain. Qu'on le
conduise à la clairière, et là, qu'on le laisse aller! Il emporte avec lui une torture mortelle, s'il a encore un peu
de cœur; s'il n'en a plus, il ne mérite pas l'honneur d'un
châtiment!

Biorix est entraîné avec violence hors de l'assemblée.

Gaulois! notre sainte assemblée a été souillée! on
a entendu le mot repoussant d'intérêt là où ne doivent
retentir que les mots de vertu et de devoir, mais la vile
pensée de ce traître vous a montré la honte comme un
abîme hideux, et vous vous êtes avec horreur rejetés
en arrière! Jamais vous n'avez senti plus vivement dans
vos cœurs émus battre l'inviolable amour de la patrie;
j'en rends grâce aux Dieux, car jamais la patrie ne vous
a demandé plus de courage uni à plus de résignation.
Ce succès de Labiénus rend notre triomphe plus difficile;
il sera retardé peut-être, mais il reste certain!... Soyez
donc sans crainte : le malheur est un lâche qui recule si
on le regarde en face. Entre César et son lieutenant, la
Loire roule toujours ses flots infranchissables. Nous n'a-
vons perdu qu'une armée, nous pourrons en retrouver
dix, si nous savons soulever enfin toutes nos tribus! Que la
Gaule entière accoure donc sous cette épée, et elle sera
invincible! Animée d'un même esprit, réunie en un seul
peuple, la Gaule peut défier l'univers! Dans cette lutte
suprême, ayons plus que de l'héroïsme, ayons de la

persévérance! Appelons encore à notre secours le plus fidèle de nos alliés : l'incendie! Qu'il combatte partout à nos côtés! Suivons tous l'exemple immortel de Lutèce. Ses murs sont renversés, mais sa gloire a grandi jusqu'au ciel! Lutèce se relèvera bientôt plus belle ; peut-être un jour effacera-t-elle Rome par sa magnificence ; mais, dans sa robe de marbre, elle se rappellera toujours avec orgueil l'heure où, pour ne pas tomber entre les mains d'un maître, elle s'est fait une robe de flammes! Quand elle redressera son front étincelant, elle se glorifiera d'avoir su jadis disparaître au milieu d'un sombre amas de cendres. Dans vingt siècles encore, ô ville héroïque, tes enfants applaudiront à ton noble sacrifice !... Que le sol de la patrie soit pauvre et nu, mais libre, plutôt que riche et esclave! Ce n'est pas de l'opulence qu'il faut léguer à nos descendants, c'est de la fierté !... Ayez donc l'épée dans une main et la torche dans l'autre! Nos fils trouveront la Gaule telle que les Dieux nous la donnèrent jadis, n'ayant pour parure que ses vertes forêts et ses plaines fécondes. Ils apprendront par notre destinée que le feu protége ceux que le fer est impuissant à défendre, et ils diront de nous : Nos pères ont porté partout la flamme pour chasser César, comme au fond des solitudes on allume des feux pour écarter les bêtes fauves ! leurs remparts de granit n'étaient pas assez forts pour repousser les machines de guerre : ils se sont entourés d'une muraille de feu, et les sangliers romains se sont enfuis en hurlant de rage...

Acclamations.

VIRDUMAR.

Mes yeux ne se fermeront pas avant que mon toit ne soit brûlé !

ÉPORÉ DORIX.

Je cultive un champ fertile qui, chaque année, s'enorgueillit d'une triple récolte ; mon blé ne nourrira plus les Romains, c'est la flamme allumée par ma main qui seule le dévorera. Je jure de n'embrasser ni ma femme ni mes enfants avant d'avoir promené ma torche à travers mes épis renversés !...

CALABER.

Moi, je n'ai plus ni femme ni enfant ; pendant que je combattais au loin, un centurion romain a déshonoré ma femme bien-aimée ; je l'ai retrouvée mourante ; elle m'a supplié de la tuer, et j'ai obéi! Je n'ai plus d'enfant, mon fils, poursuivi, s'était réfugié chez les Eburons, il a été brûlé vif par César. Je n'ai plus de père; fait prisonnier, il est parti pour être esclave en Italie. Je n'ai plus rien, je n'ai plus que mon épée; mais je ne la mettrai pas au fourreau sans l'avoir frappée contre un caillou; et de l'étincelle qui jaillira, j'allumerai un feu qui mettra en cendres les derniers débris de la maison en ruines où je fus si heureux jadis, et où je n'entrais plus que pour y pleurer en silence des larmes de sang. Que le désert se fasse partout dans ma patrie, puisque le désert est dans mon cœur!

CELTILL.

N'avons-nous pas nos forêts pour abriter nos familles? Ce sont là les vraies demeures des Gaulois! Au fond de leurs asiles divins, impénétrables aux légions, nous irons cacher tout ce que nous aimons; et, laissant ce dépôt sacré sous la garde des Dieux, nous partirons l'âme paisible pour combattre, comme Camulogène, jusqu'à la mort ou jusqu'à la victoire!

TOUS.

Jusqu'à la mort ou jusqu'à la victoire!

CELTILL.

Une dernière fois, devant ces bannières, venues ici de toutes les extrémités de la Gaule, unissons-nous par un serment, terrible à qui le violerait [1]. Chacune de ces enseignes n'est qu'une faible tige qu'un coup d'épée peut abattre, mais nos tribus réunies et rapprochées forment cet immuable faisceau, plus inébranlable que le chêne centenaire de nos forêts. Que cet emblême prophétique soit donc l'autel qui recevra nos serments! (Il étend la main vers le faisceau.) Sur les enseignes sacrées de la patrie, nous jurons que la Gaule sera libre ou que nous mourrons!...

TOUS, levant leurs lances.

Sur les enseignes sacrées, la Gaule sera libre ou nous mourrons!

CELTILL.

Nous jurons sur les enseignes sacrées que jamais une

---

[1] *Commentaires*, liv. VII, ch. 2.

alliance n'unira aucune tribu isolée à César ; que contre Rome, la guerre sera universelle.

TOUS.

Sur les enseignes sacrées, contre Rome, guerre universelle !

CELTILL.

Nous jurons sur les enseignes sacrées que nous ne déposerons l'épée que le jour où la Gaule sera reconnue par Rome comme son égale, et saluée par tous les peuples du monde comme une grande nation.

TOUS.

Sur les enseignes sacrées, la Gaule sera une grande nation.

CELTILL.

Puissent les Dieux protéger nos desseins ! Si nous mourons avant le jour qui doit nous exaucer, nous avons juré pour nous et pour nos fils : nous leur léguons nos serments ! Quant à nous, dès ce moment, commençons à les tenir, saisissons ces drapeaux, et aux armes !

Il saisit un drapeau.

TOUS les chefs l'imitent, arrachent les bannières de terre, en criant :

Aux armes !..

En un instant la scène présente le spectacle le plus animé ; chaque soldat tient un drapeau. — Pendant que les guerriers prêtaient leur serment, la lune est sortie des nuages et éclairé la forêt. Un mouvement s'est fait dans le groupe des Druides. Autour du dolmen, des flammes brillent. Au moment où les chefs crient : Aux armes ! les Druides portant des torches se rapprochent, le silence se rétablit, une PRETRESSE aux cheveux épars, au geste mystérieux et solennel, s'avance au milieu des guerriers, et dit d'une voix lente, dont l'énergie croît peu à peu :

L'œil de la nuit au ciel vient de paraître,
Son pur regard réveille tous les Dieux...
Le cœur est plus léger, l'âme se sent renaître...
L'infini lumineux resplendit dans les cieux !...
D'harmonieux frissons le feuillage palpite...
La forêt se remplit de tremblantes lueurs...
Tout va prendre une voix, tout vit, tout ressuscite !...
C'est l'heure d'immoler, ô sacrificateurs !

Au signe impérieux de la prêtresse, on immole une génisse noire sur le dolmen, au fond de la forêt. Un groupe nombreux de prêtres et de druidesses entoure et cache la victime. — La prêtresse est allée la consulter.

LE CHEF DES DRUIDES.

Prosternez-vous, guerriers! la pierre expiatoire
Se teint du sang vermeil où lisent les devins...
Leur fer ouvre les flancs d'une génisse noire...
La main d'Ésus y trace vos destins!...

Les Druides et les Druidesses ont consulté les entrailles de la victime. Ils
s'écartent. La prêtresse sort brusquement du groupe ; elle s'avance, les
yeux hagards, et s'écrie avec une voix délirante :

LA PRÊTRESSE.

O Dieux! soyez bénis! Gaulois, chantez victoire!
Partez l'âme ravie et combattez sans peur !
Sur vos fronts assombris laissez luire un sourire :
Nos Dieux ont condamné leur vil profanateur!
C'est sa mort, oui, sa mort, qu'ici je viens de lire...
Je l'ai vu, dans le sang, percé de vingt poignards,
Lancer vers moi l'horreur de ses derniers regards!...
Sur ses rares cheveux brillait un vert feuillage...
Sa main... semblait vouloir me cacher son visage...
Ses doigts couverts de sang tremblaient sur son front nu,
Mais malgré toi, César, je t'ai bien reconnu!...
Tremble ! les Dieux au ciel préparent ton supplice!...
Tu veux qu'à tes genoux la Gaule s'avilisse...
C'est toi qui vas bientôt rouler mort à nos pieds!...
En un jour tes forfaits seront tous expiés!...
L'oracle ne m'a dit ni le moment ni l'heure
Où ces poignards bénis lui perceront le sein ;
Peut-être attendrons-nous longtemps avant qu'il meure,
Peut-être est-ce bientôt... peut-être est-ce demain!...
Partez donc, fils d'Ésus! allez dans nos campagnes
Annoncer aux Gaulois quelle est la voix des Dieux!...
Fouillez les bois profonds, gravissez les montagnes,
Armez d'un fer vengeur tous les bras courageux !
Faites au grand César de nobles funérailles
En livrant sur son corps vos dernières batailles !
Avant que par la main des Dieux il n'ait péri,
Que son renom menteur pour toujours soit flétri!...
La Gaule a des destins plus grands que ceux de Rome...
Ils restaient suspendus... Par qui? par ce seul homme!...
Désormais l'univers va nous appartenir,
Car nos Dieux nous l'ont dit : c'est à nous l'avenir!...
« Si, frappé par Ésus, Jules César succombe,
« Rome avec lui s'écroule et le suit dans la tombe!... »
Tel est l'oracle saint... Allez le proclamer !

Mort au lâche aujourd'hui qui ne veut pas s'armer !
Vieillards, adolescents, femmes, que tout s'enrôle ;
Et que dans nos tribus, de l'aurore au couchant,
Retentisse partout ce long cri triomphant :
Mort à Jules César ! Vive à jamais la Gaule !...

Tous les guerriers répètent plusieurs fois avec enthousiasme en brandissant leurs armes, leurs drapeaux, et en choquant leurs boucliers :

Mort à Jules César ! Vive à jamais la Gaule !...

La toile tombe au milieu du tumulte.

FIN DU PROLOGUE.

PREMIER ACTE

LA TENTE DE CÉSAR

Tente très richement ornée. Trophées d'armes, statuettes de bronze, de
marbre ; lampadaires, etc. A gauche, une large table chargée d'armes,
de plans, de dépêches. A droite, autour d'une petite table légère en
bois précieux, un lit romain en demi-cercle, couvert de coussins. Partout, de brillantes draperies. A droite, on pénètre, en soulevant une de
ces draperies, dans une autre partie de la tente. Au fond, une lourde
portière qui cache la vue du camp.

SCÈNE PREMIÈRE.

CÉSAR, seul ; il est debout, et feuillette des dépêches.

Allons, César ! à Rome comme ici, chaque heure te
rapproche maintenant du jour désiré... Jusqu'à présent,
je pouvais douter !... Oui, malgré ma confiance en mes
desseins, parfois je reculais moi-même devant mes vastes
pensées ; je trouvais trop audacieux mon rêve immense ;
mais aujourd'hui, ces lâches incertitudes ont disparu pour
toujours... La fortune, mon amie fidèle, ne se contente
plus de me guider par la main ; elle m'enlève dans ses
bras, et m'entraîne avec elle... je me sens venir des ailes,
comme un Dieu ! Ce n'est plus par des sentiers obscurs
que je me glisse péniblement ; je cours devant tous sur
une route droite, large, lumineuse, au bout de laquelle
je vois resplendir le Capitole orné de festons victorieux.

O rêves obstinés, me tromperiez-vous? Non, je le sens,
je le jure! il n'y a pas à Rome un Romain capable de me
résister! Je force l'odieux sénat à remercier les Dieux de
mes victoires, et, malgré sa haine, que je justifierai, il
n'ose, même en mon absence, rien tenter contre moi!
Cette timidité se changera en lâcheté dès que je serai à
Rome... et, par Jupiter! j'y serai bientôt! Encore quelques mois, et la Gaule, cette antique terreur de Rome,
est soumise pour jamais. Des Alpes à l'Océan, ces milliers de tribus turbulentes auront reconnu par moi la
suprématie des armes romaines. J'aurai conquis plus de
puissance que l'heureux Sylla, plus de gloire que le va-
niteux Pompée. Et alors, malheur à mes ennemis!
malheur à Pompée lui-même, s'il ose me disputer le
premier rang! En l'achetant par une vie entière de luttes
et de fatigues, ne l'ai-je pas payé assez cher? Déjà depuis trente ans, je m'élève chaque jour, et je n'ai pas
encore touché la cîme où j'aspire; ma vie descend déjà,
et il faut que je monte encore... Je ne me sens pas de lassitude, mais je me sens plus de hâte... une voix me crie
sans cesse: En avant, en avant!... Et c'est au moment
où cette voix prend un accent plus impérieux que jamais,
que ce Celtill me force à languir ici dans les lenteurs d'un
siége. (Il s'assied.) Combien cette inertie, même passagère,
me fatigue!... elle me fait presque regretter ces dangers qui me donnaient, il y a quelques semaines, de tous
côtés tant d'inquiétudes, mais que j'avais aussi tant de
plaisir à combattre, et que j'ai eu tant de bonheur à
surmonter enfin. Ah! Celtill n'avait jamais été si habile,
et malgré moi, j'ai été forcé d'admirer mon jeune
ennemi. Si la Loire avait conservé quelques jours encore
la hauteur de ses eaux, et si je n'avais, par hasard, découvert ce gué inespéré, je ne sais vraiment si ma destinée n'aurait pas trouvé son terme sur les bords de ce
fleuve gaulois!... Ses flots se sont sentis trop peu illustres pour me servir de linceul; ils se sont ouverts devant
moi, pour me laisser rejoindre Labiénus, et nous avons
repris l'offensive, comme il convient à des Romains dans
ce pays barbare!... Celtill a dû fuir encore, mais hélas!
de nouveau le voici réfugié sur un imprenable rocher,
et un mois de travaux inouïs n'a pas triomphé de sa
résistance! En vain je l'entoure sans cesse de replis plus
étroits; sa forteresse me brave impunément et semble m'insulter. Par Hercule! pour livrer bataille, je sacrifierais une

légion entière! O Celtill! il faudra plus tard que tu me
serves autant que tu m'as nui... quand je t'aurai vaincu,
les jours de mortel ennui que tu m'infliges te coûteront
cher, si tu résistes aux projets que j'ai sur toi... Déjà
m'arrivent aux oreilles les railleries du Forum! (Il froisse
les lettres qu'il tient.) Un sénateur a demandé si je veux bâtir
une ville devant celle que j'assiége; « l'emplacement de
la colonie serait mal choisi, » disent-ils en ricanant! Les
sots ne devinent pas que les travaux gigantesques accom-
plis par mes légions autour d'Alésia doivent ravir aux
assiégés la moitié de leur courage et les frapper d'épouvante! Chaque matin, ils aperçoivent un fort nouveau
qui s'est dressé pendant la nuit devant leurs murailles;
chaque jour, ces fossés qui les enlacent sont plus profonds
et plus infranchissables. Vienne le combat, et il viendra
un jour! ils sont à moitié vaincus d'avance. Les beaux
parleurs du Forum voudraient que je fisse la guerre à
leur fantaisie! que je prisse des leçons de leurs niais
bavardages! ah! pourquoi désire-t-on si passionnément
commander aux hommes... J'ai soif de leurs applaudissements, et je n'en trouve pas un qui ne me fasse pitié!
je veux qu'il me louent, et je les méprise!... Folie ridicule, si je ne sentais pas vivant au fond de mon cœur
cet avenir que je veux donner au monde en le moulant
sur ma pensée, espérance qui m'obsède et me console
tour à tour!... Que leurs acclamations populaires me
paraîtraient mesquines si je ne croyais, en les écoutant,
entendre leur écho agrandi retentir à travers les siècles!
(Il se lève agité.) Car une renommée viagère, César n'en
veut pas. Dans une misérable génération, il y a trop peu
de raison pour que son éphémère applaudissement me
suffise: il faut que les actes de César soient salués par
l'élite de vingt siècles; alors, seulement, j'aurai reçu
l'éloge auquel j'aspire, alors seulement je jouirai de la
gloire!... la gloire!... la seule immortalité qui me fasse
envie... L'atteindrai-je?... Hélas! j'ai déjà plus vécu
qu'Alexandre, et je n'ai pas accompli le quart de son
œuvre. Ah! il ne pouvait pourtant sentir brûler au fond
de son être une ardeur plus dévorante que le feu qui
court en secret dans mes veines... mais il était roi en
naissant! et moi, le serai-je à ma mort?.. Heureux Orient,
où ce nom sacré n'est pas en exécration comme à Rome!
là-bas, tout est plus facile, et l'élu de la fortune peut
façonner à son gré les nations obéissantes, il ne trouve

pas devant lui, pour lui résister, le crâne dur et la voix rauque d'un Caton. Il faudra que ce crâne un jour s'amollisse et que cette voix se taise... les acclamations de dix légions couronnées de lauriers sauront bien étouffer les cris d'un vieillard entêté !...

SCÈNE II.

Un esclave soulève la portière du fond de la tente.

CÉSAR.

Que me veut-on?

L'ESCLAVE.

Les centurions qui veillent à la porte du camp ont envoyé demander s'ils peuvent entretenir César en ce moment...

CÉSAR.

Est-ce pour leur service?

L'ESCLAVE.

Ils disent avoir une nouvelle militaire très importante à communiquer au général.

CÉSAR.

Ils peuvent quitter leur poste.

L'esclave sort, et laisse la portière soulevée. On aperçoit le camp.

SCÈNE III.

CÉSAR.

Ah! s'ils pouvaient m'annoncer l'arrivée des Gaulois qui accourent, dit-on, au secours d'Alésia! la bataille ne tarderait plus, et je sortirais de ce repos qui me ronge l'âme! Depuis un mois, qu'ai-je fait pour l'avenir?... Je me console un peu en écrivant ces Commentaires et en les lisant à mes officiers. (Il prend un manuscrit sur la table et le feuillette lentement en souriant.) Ils me disent qu'ils sont merveilleux d'exactitude; ce n'est pas là ce que je leur demande... les Gaulois, d'ailleurs, ne seraient peut-être pas de leur avis!... L'important, c'est qu'ils soient bien écrits; si le style en est pur et fin, il faudra bien qu'on les admire; ce qui est beau est toujours vrai! J'aimerais parfois, pour certains tours de phrase qui m'inquiètent, pouvoir consulter l'oreille savante de mon cher Cicéron; je regrette chaque jour davantage qu'il n'ait pas voulu venir en Gaule avec moi; j'empêchais ainsi ses intrigues à Rome, et j'avais, pour charmer mes ennuis, le plus beau causeur de la République. Les lieutenants qui m'entourent, pour la plupart élevés encore à l'ancienne mode, sont des lourdauds stupides comme leurs cuirasses... Mais, au fait, qu'ai-je besoin de ce prince des rhéteurs ?... mon style n'est pas le sien et vaut mieux que le sien... je suis irrité de cette manière d'écrire qui exige tant de mots pour dire si peu de chose!... Moi, j'écris comme je commande, en termes nets et brefs; je veux que ma pensée frappe l'esprit comme un coup d'épée, et non qu'elle le berce comme dans une litière asiatique!... Le bon Cicéron se croit républicain, il l'est autant que ses maîtres les Grecs; la seule liberté à laquelle ils tiennent et qu'ils aient su garder, c'est la liberté d'arrondir éternellement de sonores périodes!... Honnête Cicéron! tu as beau parler sans cesse de Catilina et de ton coup d'état, je ne peux pas croire à ta vigueur, et j'ai beau faire, je ne crains de toi que tes bons mots!...

SCÈNE IV.

LES TROIS CENTURIONS MARCUS, CAIUS et VARIUS, entrant en toute hâte, et très agités.

MARCUS.

César, nous sommes perdus!...

CAIUS.

Non, César; mais il faut faire une sortie immédiate du côté opposé à la ville!...

VARIUS.

Non, César, du côté de la ville, sinon le Vercingétorix tombe sur nous!...

CÉSAR, sévèrement.

Vous avez tort tous trois, d'abord parce que vous venez ici pour me faire un rapport et non pour me donner des plans de combat. Quand je voudrai tenir un conseil, je saurai vous appeler...

Les Centurions baissent la tête et se taisent.

3

MARCUS, timidement.

Pardonne à un zèle qui....

CÉSAR.

La première marque du zèle, c'est de ne pas oublier la discipline. Parle maintenant.

MARCUS.

Général, nous sommes cernés, entourés complètement!...

CÉSAR.

Par qui?

MARCUS.

Par des bandes énormes de Gaulois qui vont bientôt couvrir toutes les collines qui nous entourent.

CÉSAR, avec joie.

Enfin, voilà donc une armée à combattre! Vous pensez qu'ils sont nombreux?

VARIUS.

Un transfuge a dit : Plus de deux cent mille!

CÉSAR cache un mouvement de surprise, et demande d'un air préoccupé.

Plus de deux cent mille!..... c'est bien... Ont-ils de la cavalerie?

CAIUS.

Plus de vingt mille chevaux! une moitié couvre déjà la plaine au-dessous d'Alésia... à l'horizon étincellent des milliers de lances... nos éclaireurs sont revenus pâles de terreur; de leur côté, les Gaulois enfermés dans Alésia ont accueilli leurs frères avec des cris de joie; on les voit sur les murailles s'embrasser en nous lançant des injures. César, crois-nous, la position est désespérée!...

CÉSAR.

Jamais elle n'a été plus belle! et vous devez rendre grâce aux Dieux qui favorisent la République. Jupiter Capitolin a écouté mes prières!

VARIUS.

Quoi! ces nations entières qui nous enferment entre elles et le mur de la forteresse ne t'effraient pas?

CÉSAR.

Je les attendais depuis un mois! C'est pour elles que j'ai prolongé le siége si longtemps.

MARCUS.

Et pourquoi les avoir attendues?

CÉSAR.

Pour les vaincre!... Ces deux cent mille hommes resteront au pied des collines qu'ils sont en train de gravir. La vallée d'Alésia sera leur tombeau! Nous n'avons à faire de sortie ni d'un côté ni de l'autre; nous attendrons tranquillement que ces bandes de barbares soient toutes arrivées. Il faut pour cela trois jours. Ils ne combattront pas avant d'être tous réunis, et à peine le seront-ils que le désordre, peut-être la lutte, sera parmi eux! Le nombre ne signifie rien là où manque l'unité. Nos légions n'ont pas plus à craindre ces nuées mobiles de barbares que la roche de granit ne redoute les tourbillons de poussière qui volent autour d'elle. Trois jours sans doute nous séparent de la bataille; allez donc annoncer à l'armée que l'heure du combat approche! Que tous les travaux soient suspendus... il n'y aura plus maintenant ni fossés nouveaux à creuser, ni tours immenses à construire... Aujourd'hui, fête au camp... demain, repos pour préparer les armes... après-demain, la bataille!... Et dans quatre jours Alésia est à nous, et la Gaule écrasée pour la dernière fois!... Courez répandre dans le camp ces paroles de votre général. Je veux que la joie règne partout! Je vous rends responsables des traces de frayeur que j'apercevrais. Ce soir, je passerai dans les rangs. Vous êtes entrés ici non en Romains, mais en lâches; je ne vous châtie pas, parce que je respecte en vous les porteurs d'un heureux message. A cette approche des Gaulois, qui vous a fait trembler, vous devez la vie; allez la mériter en allumant dans toutes les âmes l'enthousiasme et l'ardeur! Que les soldats apprennent maintenant que leurs travaux si pénibles avaient pour but de faire d'Alésia le piége où devait venir se prendre la Gaule... C'est son bûcher qu'ils élevaient, en construisant ces tours et en amassant ces milliers de fascines!...

VARIUS.

César, tu n'es pas un homme, tu es un Dieu!...

CÉSAR,

Si César est un Dieu, ayez donc confiance en lui !.. un Dieu ne se laisse pas vaincre !

MARCUS, VARIUS, CAIUS, ensemble.

Nous sommes coupables... — Nous méritons... — Si jamais pareille erreur...

CÉSAR.

Tout est oublié. Dès que j'ai pardonné, il ne faut plus me parler de la faute ! Je compte sur vous. En sortant, camarades, rendez-moi un service. Dites à l'esclave qui veille auprès de cette porte de faire venir dans ma tente Lutétiana, la belle Gauloise que Labiénus a conquise avec Lutèce. Bientôt Mars règnera dans le camp, mais aujourd'hui, que les légions sacrifient librement à ma mère Vénus !... Le divin Platon prétend que les cœurs amoureux sont les plus braves. Tâchez tous d'aimer, car il faudra avant peu faire preuve de courage ! Allez ! (Il les reconduit à l'entrée de la tente.) Adieu ! ce soir, ne l'oubliez pas, je passerai dans les rangs de l'armée. (Il les suit de l'œil un instant, baisse la draperie et revient à pas lents s'asseoir sur le lit de droite.)

SCÈNE V.

CÉSAR, seul.

Deux cent mille hommes de pied !... vingt mille chevaux !.. c'est la Gaule tout entière ! Ah ! je ne me trompais pas, Celtill est le plus redoutable ennemi qui se soit encore dressé devant moi, le seul digne de César que j'aie rencontré !... Ces alliances que j'avais nouées avec tant de peine, il a su les rompre en un mois ! Non, je ne suis pas comme ces jeunes centurions ; je ne ressens aucune terreur... j'ai vu des dangers aussi grands me menacer bien des fois... aussi grands, oui... mais plus grands ?... non, peut-être ! C'est donc encore un passage périlleux que mes destinées doivent franchir ! Deux cent mille hommes !... Je l'avoue, je n'attendais pas une masse aussi épouvantable ! Depuis les Cimbres, pareille avalanche ne s'est jamais précipitée sur nos légions ! Il faut que Sylla soit bon prophète : il faut qu'il y ait en moi plusieurs Marius !... Ces Gaulois n'ont pas notre discipline précise ; mais cependant, sur le champ de bataille, ce ne sont déjà plus des barbares... depuis six ans, à force de les vaincre, je leur ai enseigné l'art de la guerre ; je ne l'ai que trop senti pendant ma dernière campagne ! ils m'ont un jour forcé à me défendre comme un simple légionnaire... Serait-ce un présage ? est-ce devant Alésia que la fortune se lasserait de moi ? La trahison de misérables Gaulois va-t-elle changer les destinées du monde ? Pourquoi ai-je cru à la fidélité de ces tribus ? j'aurais dû, comme tant d'autres, les massacrer sans pitié, quand je les ai vaincues. J'ai voulu encore une fois me faire des amis... N'ai-je pas déjà ordonné assez de massacres ? Ah ! Capitole ! quelle mer de sang il faut traverser avant de gravir tes degrés !... Et l'on m'accuse à Rome d'être cruel ! vous voyez bien que je ne le suis pas assez, puisque je suis trahi ! les morts seuls ne trahissent pas... La soif de la vengeance me donne plus d'énergie que jamais ! Non ! ce cœur bat trop violemment pour cesser de battre dans quelques jours... Mes inquiétudes sont folles !... Ne suis-je pas dans un camp comme jamais général n'en fit construire ? j'ai mis entre l'ennemi et moi des barrières plus infranchissables que les Alpes elles-mêmes ; je suis maître de mes mouvements, je suis sûr de moi, je ne commettrai pas de fautes ; et cette armée, à mille chefs jaloux et envieux les uns des autres, est plus désordonnée que les flots de la mer sous les vents insensés de l'orage. Les Gaulois sont fous de guerre, mais leur ardeur tombe si leur premier élan est brisé... Allons, César ! un danger connu d'avance n'existe plus ! La surprise rendait légitime une émotion passagère ; mais, à présent, tu sais quels sont tes ennemis, ce qu'ils valent, ce que tu vaux toi-même, remercie donc les Dieux, comme tu as ordonné à ton armée de le faire ! attends patiemment la bataille, et bientôt, descendant vainqueur des rochers d'Alésia, tu partiras pour Rome !...

SCÈNE VI.

CÉSAR, LUTÉTIANA. Elle a entendu les dernières paroles de César.

Partir pour Rome !... dis-tu vrai, César ? Quelle heureuse parole ! est-ce pour m'annoncer cette nouvelle inespérée que tu me fais appeler ? nous quitterions ce camp éternel, où les heures ressemblent à des années et les jours à des siècles !...

CÉSAR, s'avançant vers Lutétiana.

Eh quoi ! ma belle Gauloise, tu préfères Rome à ta patrie ?...

LUTÉTIANA, les yeux en pleurs.

Oui, la vie dans tes camps est un horrible supplice que je ne peux plus supporter ! Je ne peux plus poser le pied sur cette terre sans qu'elle ne me brûle ; je ne peux plus regarder ce ciel sans que dans mes veines ne coure un frisson qui me glace ; ces montagnes que j'aimais tant à gravir semblent maintenant me menacer ; leurs noirs escarpements pèsent sur ma poitrine et m'étouffent ! la Gaule n'a plus pour moi que souffrances et terreurs ; emmène-moi au loin..., là où je n'entende plus parler d'elle... je ne suis plus prêtresse, je ne suis plus Gauloise, je n'ai plus de patrie, je suis ton esclave ! Les Dieux m'ont livrée à toi : je me soumettrai à leur volonté, je te servirai fidèlement ; mais en échange de ma liberté que je t'abandonne, délivre-moi de la Gaule ! Tu vois bien que mes joues maigrissent... mes bras vont se dessécher, mon front pâlit ! Quand je vins à ton camp, quand tes soldats m'amenèrent à toi, aux feux de la honte se mêlait sur mon visage la pourpre de la jeunesse... Où est aujourd'hui cette flamme de vie ?... je voulais écarter la tristesse de l'esclavage par le travail ; tu aurais eu en moi la plus laborieuse des servantes ; mais les forces me manquent... mes doigts tremblants ne savent plus ni filer la laine ni tisser la toile !...

CÉSAR.

Ce n'est pas à ces humbles travaux que Lutétiana sera appelée par le sort qui l'a mise entre mes mains.

LUTÉTIANA.

Ce sont les seuls qui me conviennent, et que j'accepterai !... Oui, je le sais, le jour où Lutèce fut prise, Labiénus me dit, pour me consoler sans doute, que j'étais esclave, mais esclave réservée à César entre toutes mes compagnes, à cause de la noblesse de mon sang et de la beauté de mon visage ! paroles qui abattaient les restes de mon orgueil, en voulant me flatter ! Toute noblesse ne se perd-elle pas dans la honte de l'esclavage, et ma beauté ne s'efface-t-elle pas chaque jour sous les larmes qui la dévorent ?...

CÉSAR, souriant.

Là est peut-être la cause la plus sérieuse de ta tristesse ; mais, chère Lutétiana, ton miroir te calomnie, s'il
ne te renvoie pas une ravissante image... sois sans in-
quiétude ; tu es toujours la plus belle des filles de la
Gaule, et bientôt tu seras la plus belle des Romaines !...
Oui, sois tout à fait heureuse, efface de ton front cette
ride prématurée ; rends le sourire à tes lèvres ; et à moi,
rends tes yeux rayonnants ! bientôt nous quitterons Alésia et la Gaule !...

LUTÉTIANA, avec une joie fébrile et douloureuse.

Oh ! César ! mon sauveur ! ton esclave te remercie !

Elle baise les mains de César qui la fait asseoir près de lui.

CÉSAR.

Nous ne vivrons plus sous la tente ou dans des bour-
gades misérables ; un palais de marbre t'attend, car tu
es ma bien-aimée, car un seul regard de tes yeux suffit
pour chasser de mon esprit toute sombre pensée ! Dès
que je te vois, ma Lutétiana, mes soucis s'envolent je
ne sais où ; je suis tout à l'amour, et si tu voulais, tout à
la volupté ! Non, tu ne me quitteras plus ! je te garderai
près de moi comme le prêtre égyptien garde l'image sacrée dont la contemplation le plonge dans l'extase, et
entr'ouvre pour lui les nuées inaccessibles. O ma belle
Lutétiana, comment ne t'aimerais-je pas, toi qui, par le
spectacle seul de ta beauté, sais me donner en quelques
instants du repos et de la force pour plusieurs jours ! Je
supporterai maintenant sans colère tous les fades ennuis
de la vie publique, parce que je saurai que je n'ai qu'à
soulever la toile de ta tente pour me trouver dans un
monde souriant où la pensée est toujours légère ! Quand
mes bras seront fatigués de porter l'épée et le bouclier,
je saurai comment leur rendre leur vigueur ; c'est en les
enlaçant autour de ton corps ravissant ! Quand ma
bouche séchée sera lasse de discours et de discussions,
je saurai comment la rafraîchir, en la posant un instant
sur la tienne ! Dans cette Gaule sauvage où je marche
sans cesse à travers les révoltes et les massacres, la tente
où tu te cacheras sera comme une oasis enchantée dont
l'ombre ravissante me suivra fidèlement, et où je trouverai toujours, pour enivrer mes sens, une fleur à cueillir et à respirer ! Ah ! Lutétiana, César a juré de rester

toujours maître de lui-même, et tu le vois, je me laisse aller à l'enthousiasme comme un jeune poëte !... La vue de ton visage, plus charmant que tous ceux que Lysippe a rêvés, fera bientôt de moi un rival ou un envieux de ce fou de Catulle ! Comme dans ma jeunesse je déraisonnerai en vers !

LUTÉTIANA. Elle a écouté très froidement César et écarté d'un geste toutes ses caresses.

On m'a dit, en effet, que tu avais composé un poëme autrefois. Puisque tu sais écrire sur le rhythme romain, pourquoi, dans les nuits où tu veilles...

CÉSAR, se levant avec dépit, et allant s'asseoir à gauche.

Ne pas composer quelque chant lyrique en ton honneur, n'est-ce pas ? Ressemblerais-tu donc à nos belles Romaines ? Il ne suffit pas de les aimer, il faut toujours prendre la lyre pour le leur dire ! Crois-moi, ma belle Lutétiana, ne tombe pas dans ce travers ; ce n'est pas avec des hexamètres que se prouve l'amour ; bien au contraire, l'amour est souvent comme le cygne : quand il chante, c'est qu'il est déjà vieux et près de mourir. Je m'étonne vraiment que les femmes aient cette passion acharnée pour les poëtes, car j'ai remarqué que ce sont en général de pauvres amoureux.... c'est en imagination seulement....

LUTÉTIANA, l'interrompant, et d'une voix sévère.

Non, ce n'est pas sur une captive gauloise qu'un Romain doit écrire un poëme... Par tes dangereuses paroles, ne cherche pas à faire oublier à la vierge de Lutèce que la chasteté est pour la jeune fille ce que le courage est pour vous : la vertu qui sert d'armure à toutes les autres ! Ne te trompe donc pas sur Lutétiana, César ! je serai ton esclave docile, mais je ne te permettrai jamais de m'avilir !... Mes pensées seront toujours dignes de la fille de Camulogène ; sois sûr que mon père veille sur moi et me protége jusque dans ton camp ; mes yeux ne le voient plus, mais mon cœur restera toujours ouvert devant lui comme un livre sans tache dont il pourra lire toutes les pages en me bénissant ! Non, César, ce n'est pas un poëme d'amour que je veux que tu écrives, car il te déshonorerait en même temps que moi ; écarte ces idées étranges et obscures sur lesquelles tu reviens sans cesse et que je ne comprendrai pas... je pensais à un de ces poèmes immenses sur les Dieux, comme ceux que les Druides, mes maîtres, me récitaient jadis.... (s'exaltant). poèmes vastes comme l'infini, mystérieux comme la mort, sublimes comme le ciel !

CÉSAR, ironique.

Ah ! un poème sur les Dieux ! c'est un sujet peut-être un peu vide.... Lucrèce d'ailleurs l'a écrit ; pour moi j'ai chanté Hercule, le Dieu de la force ; c'est le seul Dieu qui ait su m'inspirer.... Mais, chère Lutétiana, pourquoi donc toujours revenir à ces innocents souvenirs de tes premières années ; ton enfance est passée ; laisse derrière toi ces pieuses et puériles rêveries ; il est temps d'écouter d'autres voix que celles de tes Druides ! N'as-tu pas vu passer auprès de toi et s'approcher en souriant le génie de l'adolescence, jeune Dieu au front couronné de fleurs, qui, le jour de notre seizième année, vient nous offrir les grappes embaumées d'un raisin enivrant. Accepte ses présents, laisse sa flamme incendier ton âme et ne repousse pas plus longtemps l'ivresse divine qu'il t'apporte, car il passe vite, et plus tard tu l'appelleras en vain. Ecoute sa voix, mille fois plus douce que celles de tes Druides ! Pourquoi me parler toujours de leurs poèmes, aussi limpides que les brouillards de la Bretagne, leur île sacrée ! n'oublieras-tu donc jamais que tu as été prêtresse ?...

LUTÉTIANA, avec amertume.

Non, hélas ! je ne peux l'oublier !... au milieu des splendeurs de votre Italie, l'oublierai-je ? Ah ! César, pourquoi ne suis-je pas née où les Dieux devaient un jour m'entraîner ! Je n'aurais pas senti ces étranges tristesses, qui si souvent noient mon âme et mes yeux de pleurs amers ; toujours joyeuse et légère, comme autrefois, je ne serais pas sans cesse assiégée par cette foule tumultueuse de souvenirs dont j'ai peur comme de spectres, et que cependant mon âme adore secrètement et va, malgré elle, rechercher au loin dans les replis cachés de ma mémoire !... Toi, l'enfant d'une ville, tu ne sais pas par quels liens, par quelles fibres puissantes mon âme est attachée à la Gaule, et quelles tortures déchirantes elle endure en cherchant à les rompre !... Jeune fille destinée à être un jour Druidesse, j'ai passé tous mes jours soit au bord de la mer, soit au sein de ces épaisses forêts où ton armée, malgré son courage, n'ose jamais s'engager. Ces noires profondeurs vous repoussent, cette solitude muette vous épouvante, et vous ignorez les ivresses qu'elle donne à l'âme qui se confie à elle et qui va lui demander la vue et l'entretien des Dieux !... Combien mes années s'écoulaient alors rapides et enchantées, quand, pendant des journées entières, j'errais avec mes compagnes sous les rameaux frémissants des sombres chênes, ou dans les prairies silencieuses, vastes et désertes, cherchant à entendre la voix mystérieuse des Dieux invisibles qui glissaient dans l'air autour de nous !.. Que de fois j'ai senti sur mon front le souffle brûlant de leur haleine !... Tantôt, c'était sur le rivage, la nuit, au milieu de la tempête, que les prêtres nous envoyaient... nous courions échevelées parmi les noirs écueils pour voir passer les esprits et écouter leurs paroles rapides, car les âmes des morts aiment à se mêler au vent de la tempête... Eclairées dans notre marche périlleuse par les lueurs violettes de l'éclair, par les reflets de l'écume scintillante ou par les chocs étincelants des flots en furie, nous courions, intrépides, sur les cimes mobiles des vagues qui, se déroulant en longs serpents, battaient les rochers de leurs mille fouets retentissants... Nous n'écoutions ni les gémissements saccadés de la rive qui semblait se briser sous les lourds battements du marteau de Teutatès, ni les ricanements de la rafale, ni le sifflement aigu des vents stridents, ni les cris des oiseaux effarés..., et parfois, ô bonheur ! nous pouvions redire à nos prêtres des paroles célestes, saisies au milieu des tourbillons en tumulte par notre oreille attentive !... Ce bruit de la mer se brisant brusquement sur le roc, je crois constamment l'entendre... ce cri douloureux semble retentir toujours au fond de moi-même comme un sanglot éternel de mon cœur !..

Elle baisse la tête et s'enfonce dans une rêverie muette.

CÉSAR, ironique.

Au chaos infernal de cette mer stupide qui m'a brisé deux flottes, tu préféreras bien vite la mer qui baigne Ostie, cette mer souriante, à la voix harmonieuse, ce bleu tapis, si doux au regard, qui jusqu'à l'horizon lointain étend mollement ses tranquilles replis, plus richement nuancés que l'arc-en-ciel ! Voilà le spectacle digne de charmer tes beaux yeux ! Ta hutte enfumée sera remplacée par une villa de marbre qui mirera ses statues et ses orangers dans le limpide azur du golfe de Naples ! sur ces flots caressants, tu glisseras dans une barque dorée...

LUTÉTIANA, toujours à son rêve, les yeux brillants.

Nous avions aussi nos jours de calme et de lumière !... Au printemps, quand les fleuves, délivrés de leur prison de glace, roulaient librement au milieu des plaines fleuries, avant que la barque d'aucun pêcheur ne les eût touchés, nous allions lire les flots, art mystérieux et divin que vous ne connaissez pas !... Les Dieux écrivent sans cesse sur les eaux pures la destinée des mortels. Ces ondulations changeantes, ces tourbillons variés, ces frissons innombrables qui se dessinent à leur surface mobile, sont tracés par la main des génies. Vos regards profanes les considèrent comme les jeux du hasard, mais les yeux de l'initié les lisent comme une écriture humaine. Ces cercles bizarres qui s'enlacent, et ces lignes qui reviennent et se replient sans cesse sur elles-mêmes, nous révèlent les mystères les plus cachés de l'avenir, si nous les contemplons en observant le rite sacré ! Et le chant si mélodieux des ruisseaux, que votre oreille impie écoute sans respect, pour nous il a aussi un sens révélateur ; chaque son, chaque bruissement du flot léger est un mot d'une langue inconnue, que les Druides nous enseignaient !... Et le souffle sonore du vent dans les arbres, et le chuchotement du feuillage, et les frémissements des moissons, autant de voix célestes que notre âme écoute et entend !... Dans la nature infinie, tout nous parle, tout nous conseille, parce que tout nous aime !... Comprends-tu, César, pourquoi nous vivons au fond des forêts ?...

CÉSAR.

Tu auras encore bien plus de bonheur à vivre à Rome, où je me charge de te donner des leçons aussi intéressantes que celles de tes Druides, et où je t'initierai à des mystères qui valent encore mieux que ceux qui t'ont charmée jusqu'à présent... Tes récits, d'ailleurs, sont très intéressants, et je suis sûr qu'ils plairaient beaucoup à nos augures ; quand tu demeureras chez moi, je te les amènerai ; tu les entretiendras à ton gré, et tu verras alors que les folies de mes chers collègues valent au moins les folies de tes Druides !

LUTÉTIANA, surprise.

Tu es un des augures romains !......

CÉSAR, souriant.

Je suis même leur chef ! je suis grand pontife
(à demi-voix), et je ne dois pas parler avec dédain de ma
magistrature; elle m'a coûté assez cher pour que je
l'estime beaucoup ! C'est là une des premières origines
de ces quelques millions de dettes qui me tourmente-
raient tant si je n'avais pas, fort heureusement, trouvé
la Gaule pour les payer à ma place.

LUTÉTIANA, avec une certaine sympathie.

Mais alors, si tu es pontife, tu sais, comme nous, inter-
préter les songes... mieux que nous, peut-être?... On dit
que les augures romains possèdent tous les secrets de
l'Etrurie, terre sainte que nos Druides vénèrent... tu sais
prédire l'avenir?.....

CÉSAR, souriant.

Je laisse ce soin aux augures... cependant, je l'ai parfois
prédit moi-même, quand j'en doutais, afin de le rendre
plus favorable. L'avenir, ma chère Lutétiana, je le lis
tous les jours, non sur le foie des génisses, mais sur le
visage des hommes ; ce sont là des victimes obéissantes
que l'on peut toujours faire parler, non avec le fer, mais
avec un peu d'adresse ou un peu d'or ! A toi, Lutétiana,
je prédis sans craindre de me tromper que tu seras enviée de toutes nos belles patriciennes ; je prédis encore,
et cette fois parce que je le désire, que bientôt tu ou-
blieras et tes forêts malsaines et tes rivières bavardes ;
que, dès que tu seras à Rome, tu n'auras plus qu'une
pensée dans l'esprit, qu'un vœu dans le cœur : rendre
César heureux, en cédant à son ardent amour ! (César s'est
rapproché de Lutétiana et s'assied auprès d'elle.) Serai-je bon augure, ô ma délicieuse esclave ?..... Non, tu ne sais pas
encore combien César a été ravi de ta beauté ! tu devrais juger pourtant de son amour par son respect, qui
l'étonne lui-même ! pour toi, j'oublierais presque et la
guerre et la République ! il me semble que tu es la première femme qui ait ébloui mes yeux ! en toi vivent je
ne sais quelles séductions irrésistibles que je n'ai jamais
aperçues chez nos Romaines les plus vantées ! O Gauloises ! il y a dans vos attraits une puissance inconnue

que le monde saluera un jour à genoux !... Combien ta
beauté capricieuse l'emporte sur les charmes solennels
des filles de nos consuls !... comme les vives caresses de
ton étincelante prunelle effacent l'expression morte de
leurs yeux immobiles !... J'étais las de ces grands regards
noirs qui semblent toujours durs et qui jettent à tout moment des éclairs menaçants ; des tiens, plus bleus que le
ciel printanier, ne s'échappent au contraire que de suaves
rayons ! Ces épaisses chevelures sombres des plus belles
Romaines semblent un voile de deuil qui couvre leur
front ; on dirait parfois que voltigent au-dessus de leur
front les ailes luisantes de funèbres corbeaux !... Quand
l'heure venait de détacher leurs bandelettes, ce manteau
noir qui roulait tout à coup sur un sein de marbre mêlait
malgré moi je ne sais quoi de sinistre à mes pensées vo-
luptueuses ! Mais toi, tu n'es que lumière et splendeur !..
dans tout ton être, il n'y a pas une ombre !..... Que j'aimerais passer mes doigts frémissants dans ces flots d'or
aux reflets chatoyants qui s'épanchent sur tes blanches
épaules ! J'ai vu plus d'une Romaine acheter à prix d'or
à de pauvres esclaves gauloises ces gerbes parfumées
pour en parer leur front ! Quand tu paraîtras au milieu
d'elles, tu remporteras à ton tour des victoires qui ven-
geront largement la Gaule de celles que j'ai rempor-
tées !... Que ne sommes-nous déjà à Rome ! mon impatience égale la tienne !... j'ai hâte de voir le dépit et la
jalousie de mes anciennes amies, quand elles seront obli-
gées de subir ton triomphe ! O mes nobles patriciennes, que votre indignation me fera rire ! Lorsque tu te
promèneras au champ de Mars, portée par mes licteurs,
peut-être feindront-elles d'abord de ne pas te regarder;
mais; ne crains rien, leur dédain ne durera guère ! L'amie
de César ne restera pas longtemps sans être plus courti-
sée qu'une reine d'Asie ! je veux que l'univers entier te
connaisse et t'adore ! quand je serai Périclès, tu seras
mon Aspasie ! J'ai rêvé bien souvent de la spirituelle
Athénienne; toi, la fille de la tribu parisienne, avec ta vivacité naïve tu me rappelles mieux la grâce attique que
ces femmes de Rome qui la cherchent avec tant de pé-
dantisme, et qui me font bâiller ! Non ! Aspasie n'avait pas
plus de pétillement dans le regard, plus de flamme vivante dans tous les traits ! il ne te manque qu'un peu
d'abandon, (à part) qui viendra !... (Haut) Comme toi intel-
ligente et passionnée, disciple de Socrate comme toi de

tes chers Druides, elle savait s'enthousiasmer parfois pour ces secrets de la pensée qui n'ont jamais occupé l'esprit inerte et futile des languissantes Romaines... c'était en un mot la digne compagne du roi d'Athènes, comme tu seras celle de César, et je saurai te donner une gloire qui effacera la sienne !... Dis-moi maintenant : au fond de tes forêts, trouverais-tu cet éclat, ces délicates et nobles jouissances que je te prodiguerai à Rome?.....

LUTÉTIANA, tristement.

César... je t'appartiens, je suis ton esclave, je dois te suivre où ta volonté me conduira; mais ce n'est pas cet éclat menteur qui m'attire à Rome, où je serai détestée si je parais puissante ! Ce mot de gloire, qui t'enivre, laisse froid le cœur d'une femme.

CÉSAR.

Mais l'amour ?

LUTÉTIANA, rêveuse.

Oui, l'amour me rendrait heureuse !.....

CÉSAR.

Ingrate, te défies-tu donc du mien? ne t'en ai-je pas déjà donné depuis un mois mille preuves ? En t'emmenant à Rome, César ne montre-t-il pas sa folie ? ne devines-tu pas que pour toi je brave tous les usages, hardiesse plus téméraire que de braver les lois ! Quel cri de révolte dans le camp de nos vieux Romains, quand ils verront Jules César aux pieds d'une Gauloise ! ils préféreraient me voir encore aux pieds de leurs propres femmes, comme autrefois ! Il n'est pas de ville au monde où la coutume exerce une tyrannie plus absolue et plus absurde qu'à Rome. Pour t'y avoir introduite ouvertement, on m'accusera d'avoir seul corrompu toutes les mœurs qui, certes, se sont gâtées sans moi et avant moi !... Voilà ce qui m'attend, je le sais, mais tu es belle, belle d'une beauté inconnue à Rome, et je veux que ton apparition y brise le despotisme que notre ville prétend s'arroger sur les provinces, même pour la beauté ! Je veux que les Romaines saluent en toi une sœur, et non une esclave ! n'est-ce pas là de l'amour ?...

LUTÉTIANA, à demi-voix, avec une incertitude craintive.

Oui, César..., je veux croire que tu m'aimes..... jamais personne ne m'a parlé comme tu le fais.....

CÉSAR.

Mais toi, Lutétiana, quand tu es ainsi près de moi, ne sens-tu pas aussi circuler dans tes veines ce feu qui fait palpiter le cœur, qui trouble la vue, et qui ne s'apaise que sur le sein de l'être aimé.....

Il a pris la main de Lutétiana.

LUTÉTIANA, regardant en face d'elle, les yeux fixes.

Écoute !.....

CÉSAR.

Pourquoi parler? la seule réponse que je demande à tes lèvres, c'est sur les miennes qu'il faut la faire ! Ah ! Lutétiana, ne m'aimes-tu pas?

LUTÉTIANA.

Je ne sais..... je cherche.....

CÉSAR.

Où cherches-tu?..... C'est dans mes bras qu'il faut chercher !.....

LUTÉTIANA.

Non, c'est sur le rivage de l'île de Sein.....

CÉSAR.

Quel délire l'entraîne encore !..... (A part et impatienté.) Maudits soient ces fous de Druides qui m'ont gâté une femme aussi belle !.....

LUTÉTIANA, continuant d'un accent rêveur et passionné.

C'est là que je l'ai vu apparaître !... Nous allions cueillir dans les hautes bruyères les baumes magiques qui rendent les épouses fécondes et les guerriers invincibles!.... Pendant que mes compagnes dispersées au loin faisaient leur sainte récolte sous les chastes rayons de la lune, je m'étais assise seule sur un rocher isolé ; la fatigue me fit un instant fermer les yeux; quand je les rouvris, je vis devant moi un guerrier couvert d'armes brillantes..... en l'apercevant, je sentis mon cœur voler vers lui... il s'agenouilla à mes pieds, et resta longtemps son front dans mes mains..... tout à coup, une de mes compagnes m'appela, il disparut..... je me levai, mes mains étaient couvertes de pleurs !..... Depuis ce temps, je cherche en vain à retrouver ce visage qui m'apparut un instant... chaque fois que je cherche à le distinguer dans la nuit de mes

souvenirs, je n'aperçois qu'une forme insaisissable.....
Seule apparaît nettement son armure qui scintille dans
l'ombre..... et... je ne sais quel instinct me dit... que c'est
à Rome que je dois le revoir comme à l'île de Sein !.....

CÉSAR.

Ta vision, ma chère enfant, est celle de toutes les jeunes
filles ! je te le répète, au fond de toutes les âmes de seize
ans vit un inconnu merveilleux qui fait de vagues appa-
ritions dans des rêves enivrants !

LUTÉTIANA.

Pourquoi ai-je pleuré ?...

CÉSAR.

Au printemps, lorsque la vigne sort de son long sommeil, réveillée par les ardents baisers du soleil, la sève
qui remplit ses veines s'épanche en larmes limpides qui
couvrent ses rameaux de perles étincelantes ; c'est ainsi
que de ton âme, caressée par les souffles brûlants de
l'amour, a jailli une source délicieuse de larmes sans amertume... Verse encore ces larmes si douces, et tu auras
près de toi les lèvres d'un amant pour les recueillir....
Puisque tu n'as pas vu les traits de cet inconnu envoyé par
les Dieux, pourquoi ne pas croire que ce mystérieux
guerrier, c'était César ! mon armure ne brille-t-elle pas
comme la sienne ?

LUTÉTIANA triste et incertaine.

Oui, puisque tu m'aimes, c'était peut-être toi !...
Peut-être !...

SCÈNE VII.

Un ESCLAVE, entrant par le fond.

Un député gaulois demande...

CÉSAR, se levant irrité.

Par Jupiter ! tu passeras par les verges pour ton entrée
ici en ce moment ! Va immédiatement...

L'ESCLAVE, pliant le genou, et suppliant.

César ne m'avait pas ordonné de ne pas pénétrer dans
la tente...

CÉSAR.

N'as-tu pas vu passer cette femme? J'entends que ma tente ne s'ouvre plus jusqu'à ce qu'elle sorte...

L'ESCLAVE.

A l'avenir...

CÉSAR.

A l'avenir, tu seras aussi sot qu'aujourd'hui ! voyons, que me veut-on? dis vite, puisque tu es entré...

L'ESCLAVE.

Je venais annoncer qu'un chef gaulois demande à voir César...

CÉSAR.

La belle nouvelle ! es-tu donc ici d'hier? Qu'on le prévienne, comme toujours, qu'il soupera à ma table... Je lui parlerai ce soir, comme d'habitude...

L'ESCLAVE, humblement.

Il prétendait entretenir César seul et repartir immédiatement.

CÉSAR.

Et d'où vient-il donc, pour avoir tant de hâte? par qui est-il envoyé?

L'ESCLAVE.

Par les habitants d'Alésia...

CÉSAR.

D'Alésia !!... ah ! c'est tout différent !... oui, en effet, il faut que je lui parle sans retard... Qu'il vienne...

L'esclave sort.

SCÈNE VIII.

CÉSAR, LUTÉTIANA.

CÉSAR.

Les assiégés doivent en ce moment nourrir leur orgueil des espérances les plus folles... Que veut donc ce chef? c'est un transfuge sans doute. (Il voit Lutétiana.) Ah ! Lutétiana, que j'oubliais ! que vais-je faire d'elle, maintenant? Je voulais consacrer la fin de cette journée à enseigner le culte d'Eros à cette délicieuse

créature... et voilà ma leçon interrompue, quand peut-
être... Allons! je ne dis jamais : A demain les affaires!
il faut donc dire : A demain les plaisirs ! (Il contemple Lutétiana.) Elle est toujours perdue dans son rêve! Jeune fille
étrange qui a su m'attacher par sa résistance même! je
crois que, malgré mes savants travaux de siége, qui
durent aussi longtemps que ceux d'Alésia, je serais
fâché de la voir devenir moins farouche ; je respecte malgré moi cette chaste et ardente enfant; toute violence sur
elle me répugnerait ; je suis las des caresses vénales du
vice ; je sens un bonheur tout nouveau à respirer le parfum si léger, mais si doux d'une âme virginale! je veux
qu'elle me donne son amour et non le lui arracher... d'ailleurs les lois de la volupté défendent la contrainte. A Rome,
je trouverai des loisirs pour adoucir sa sauvagerie gauloise! Je n'ai pas d'amour... non, je ne suis plus assez
jeune pour rechercher cette singulière maladie nerveuse;
j'ai d'ailleurs trop besoin de voir clair à ma route pour
me laisser aveugler par le bandeau que ma fille a mis jadis sur les yeux de Pompée. J'avoue cependant que je tiens
singulièrement à ma nouvelle esclave ; et des trésors
que j'ai trouvés en Gaule, c'est peut être un de ceux dont
je voudrais en ce moment le moins me séparer...

Il s'approche de Lutétiana qui a le front caché dans ses mains, se penche à son oreille et lui demande à demi-voix, en souriant :

Me ressemble-t-il? est-il revenu, le guerrier mystérieux?...

LUTÉTIANA, à demi-voix.

Oui! cette fois je crois avoir mieux distingué ses
traits!... (Comme se réveillant, elle se lève.) Mais, que voulait
cet esclave?

CÉSAR.

Il m'annonce l'arrivée au camp d'un député d'Alésia.
Je suis obligé de le recevoir. Que ma belle Druidesse
nous laisse seuls un instant ; bientôt je la rappellerai, et
nous continuerons à chercher ensemble l'inconnu qui a
su se faire aimer en rêve, en attendant qu'on l'aime
éveillé...

LUTÉTIANA.

J'obéis.

Elle se dirige vers la porte de droite. Au moment où elle soulève
la tapisserie, elle aperçoit Celtill qui entre. Elle frissonne, reste
quelques instants à écouter le jeune Gaulois qui ne la voit pas. Ses yeux
ne le quittent pas; sa main est posée sur son sein, qui bat avec violence.
Enfin, elle sort lentement. La tapisserie reste un peu entr'ouverte.

SCÈNE IX.

CÉSAR, CELTILL. Il est entré, conduit par l'esclave qui l'a annoncé.

CELTILL.

Salut à César !

CÉSAR, surpris et un peu ému.

Celtill !... oui... c'est bien lui !... Celtill, tu es bien hardi de venir dans mon camp; malgré le titre de parlementaire que tu as pris, sais-tu bien que je pourrais te retenir prisonnier?

CELTILL.

J'ai compté sur le respect des lois de la guerre.

CÉSAR.

Si je ne te reconnaissais aux traits de ton noble visage, cette confiance un peu imprudente suffirait à me prouver que tu es bien Celtill. Tu n'as pas changé d'âme depuis le jour où tu as fui de mon camp; tu montres toujours la même audace naïve et généreuse. N'as-tu pas pensé, avant de venir ici, que je pourrais voir en toi, non l'envoyé, mais l'otage qui s'est échappé?

CELTILL.

J'ai pensé qu'un député était sacré et que rien ne pouvait lui enlever son inviolable caractère.

CÉSAR.

Je ne tromperai pas ta confiance. Je serais peut-être moins scrupuleux avec tout autre ; mais, en te voyant, je sens renaître en mon cœur l'affection singulière que tu m'as toujours inspirée. Tu es mon plus dangereux ennemi, Celtill ; cependant, malgré tout, je t'aime, et en dépit de moi-même, en dépit de tout le mal que tu m'as fait depuis un an, ma main aurait du plaisir à serrer de nouveau la tienne...

Il lui tend la main.

CELTILL tressaille, et se retourne ému.

Le fleuve de sang qui a coulé entre nous est trop large pour que nos mains puissent maintenant se joindre d'un bord à l'autre...

CÉSAR.

Tu refuses ma main !

CELTILL.

Je suis ton ennemi !...

CÉSAR.

Autrefois, tu ne montrais pas pour moi cet éloignement. Si tu me hais maintenant, avoue-le, Celtill, n'est-ce
pas que tu ne m'as pas toujours détesté ?...

CELTILL.

Je ne mentirai pas... oui, j'ai été trop longtemps, comme
tant d'autres Gaulois, dupe de ton insidieuse douceur ;
mais pourquoi rappeler ce passé, quand il ne peut plus
revenir ? Je ne suis plus l'enfant que j'étais alors ; je te
le répète, je suis ton ennemi, et je te l'ai prouvé...

CÉSAR.

Ne te raidis pas contre ton émotion... Toi non plus, tu
n'as pu me revoir sans que les liens qui nous ont unis ne se
resserrent un instant malgré toi : les nobles âmes gardent
toujours quelques secrètes empreintes d'une amitié effacée. Pour moi, je brûle de te vaincre ; mais, si tu le veux,
je serai prêt, le lendemain de ma victoire, à te tendre
encore la main et à faire de toi le roi de la Gaule... Pourquoi ? c'est qu'il me semble voir en toi comme un frère
plus jeune ! Nos destinées se ressemblent : tous deux
d'un sang illustre, nous portons sur le front ce reflet du
passé qui s'appelle la noblesse ; tous deux aussi nous
avons dans le regard cet éclat mystérieux qui force la
foule à s'incliner... Quand on est l'idole d'un peuple, il
faut en devenir le maître... Nous sommes nés tous deux
pour voir une nation à nos pieds. Jure obéissance au
Sénat et au peuple romain, et tu seras le premier des
Gaulois !...

CELTILL.

C'est-à-dire le premier des esclaves !... Que je tra-
hisse, et tu me couronneras ! Ah ! César, ne me répète
plus ici ce que tu m'as dit tant de fois quand j'étais ton
prisonnier. Aujourd'hui tes paroles ne m'indignent pas,
elles me font sourire ! Je ne suis pas revenu dans ton
camp pour avilir ma patrie, au moment où elle vient
enfin de renaître ! Quand j'ai fui la servitude, c'était
pour consacrer ma vie à une grande entreprise qui devait ruiner la tienne. Je voulais unir les trois cents tribus de la Gaule, ne faire de leurs trois cents armées

qu'une seule armée, et un jour t'écraser en la lançant tout entière contre toi. Ce jour est arrivé. Tu es perdu.

CÉSAR, ironique.

En es-tu bien sûr, Celtill?

CELTILL.

Ne cherche pas à m'en imposer par une tranquillité feinte... Peut-être aussi n'as-tu pas appris encore ce qui se préparait en Gaule contre toi... Depuis un mois, César, nous n'avions plus de pain dans notre forteresse; mais nous nous sommes nourris de haine, et nous avons assez vécu pour assister au triomphe de notre anxieuse espérance. Dans ces troupes gauloises qui, depuis quelques heures, commencent à arriver devant Alésia, tu ne vois certainement qu'une de ces armées semblables à celles que tes légions sont habituées à affronter et parfois à repousser. Détrompe-toi, César! Demain, déjà, tu reconnaîtras ton erreur! Autour de ton camp, ce que ton regard terrifié va bientôt découvrir, c'est la Gaule tout entière, ivre de vengeance, qui vient te faire payer en un seul jour six années de tortures! Depuis un mois, dix mille cavaliers, envoyés par moi, ont parcouru la Gaule en tous sens, rappelant partout tes cruautés et tes crimes, et ce suprême appel a été entendu partout! Avec tes dix légions, épuisées par les énormes travaux du siége, seules contre l'élite de trois cents nations soulevées pour la plus juste et la plus terrible des vengeances, que vas-tu faire?

CÉSAR, ironique et de plus en plus froid.

Je ne te le confierai pas... mais je te demanderai ce que toi, Celtill, tu viens faire ici?

CELTILL.

Je ne suis pas envoyé par les chefs gaulois... c'est de ma propre autorité que je suis venu. Le motif qui m'a entraîné vers toi, tu me l'as révélé à moi-même tout à l'heure, et je peux l'avouer maintenant : c'est ce sentiment involontaire que tu as éprouvé à ma vue, et que j'ai éprouvé loin de toi; c'est ce souvenir impérieux que, malgré tout, l'homme garde des émotions de sa jeunesse. A la joie qui m'a saisi en apprenant l'arrivée de l'immense armée de secours sous laquelle tu vas succomber, s'est mêlée je ne sais quelle tristesse ; j'ignore si tu m'aimes vraiment ; mais quand tu pouvais être dur et sévère pour moi, tu as été bon et tendre ; j'étais ton prisonnier, tu m'as traité comme ton enfant ; aussi je voudrais que ma main pût briser les chaînes de la Gaule sans se tacher de ton sang. Je redoute pour toi les vengeances furieuses de la foule. Dans quelques jours, elle exigera pour César non-seulement la mort, mais des tourments et des tortures qui me font horreur. Je veux t'épargner ces hideux supplices ; voilà pourquoi j'ai quitté Alésia. Peut-être, à mon retour, serai-je encore soupçonné par les miens de trahison ; mais je n'ai jamais consenti à faire taire les voix qui partent de mon cœur ; c'est de là que sortent les ordres les plus sacrés, c'est là le temple où résident les Dieux. Ils m'ont ordonné de partir, et je suis venu pour empêcher la plus noble des causes de se souiller par une cruauté qui en enfanterait mille autres... Rome voudrait venger le supplice de son proconsul, et ainsi s'éterniserait une guerre qui peut se terminer aujourd'hui même. Nous sommes tous deux maîtres absolus des destinées de la guerre ; pourquoi ne pas conclure la paix ? c'est elle que je t'apporte. Pendant six ans, tu as ravagé notre patrie : elle oublie tout et ne demande aucune expiation. Abandonne la Gaule ; que le sénat nous promette que jamais un proconsul romain ne passera les Alpes ; que notre indépendance soit respectée ; et les armées gauloises, je le jure, s'ouvriront pour laisser passer librement la tienne, qui retournera tout entière à Rome, où ne devait rentrer que la nouvelle de son massacre.

CÉSAR.

Tu es bien de ta race, Celtill !... tu as une âme riche de présomption !...

CELTILL.

Elle est encore plus riche d'indulgence, puisqu'elle apporte le salut à celui qui nous apporta tant de morts !

CÉSAR.

C'est précisément pour vouloir user d'indulgence avec Rome que tu montres la plus étrange des présomptions !

CELTILL.

Les Romains ne sont pas les maîtres que nous choisirons pour nous apprendre à être modestes !...

CÉSAR.

Modestes ou non, les Romains ne traitent qu'avec des vaincus... C'est ainsi, et non autrement, que je traiterai avec toi !...

CELTILL.

Au nom des Dieux, César! dans un instant qui peut décider du sort de tant de peuples, je t'en supplie par l'affection qui nous unissait jadis, par tout ce qui t'est cher, n'affecte pas dans ton regard un calme menteur, quand l'anxiété déchire ton âme!... Dépouille ce masque d'airain que l'orgueil de Rome attache au front de tous ses enfants... Sois sincère et franc comme moi-même ; mets ton cœur à nu comme j'ai mis le mien... il n'y a en moi, crois-le, aucun vain orgueil; il n'y a qu'un amour immense de ma patrie, amour qui n'est plus qu'une angoisse infinie quand je sens que, par mes ordres, ses veines vont de nouveau s'ouvrir et inonder la terre. César! en ce moment tu dois souffrir mille fois plus que moi, puisque tu n'ignores plus quelles sont nos forces !

CÉSAR.

Non, je n'ignore rien et tu ne m'as rien appris! Je sais que trois cent mille hommes m'entourent et demain me domineront de tous côtés; je le sais; et s'ils ne m'attaquent pas bientôt, j'irai au devant d'eux. Je ne resterai pas longtemps au milieu du danger où tu m'as mis.

CELTILL.

Tu avoues donc enfin ton danger?

CÉSAR.

Oui.

CELTILL.

Et tu attends pour te sauver quelque miracle des Dieux?

CÉSAR.

Non...

CELTILL.

Sur quoi comptes-tu donc ?

CÉSAR.

Sur ma fortune!

CELTILL.

Ta fortune !... ah ! César, n'as-tu pas déjà reconnu que tu n'adores là qu'une illusion de ton orgueil? as-tu donc oublié que tes légions, malgré la protection de ta déesse, ont déjà été vaincues plus de cent fois? Parce que Rome n'en a rien su, crois-tu que ces défaites soient un rêve? tu ne peux du moins avoir oublié Gergovie et ce dernier combat où tes légions ont été culbutées, et où toi-même as perdu ton épée en fuyant? était-ce là une faveur de ta fortune ?...

CÉSAR.

Ma fortune m'a été fidèle et sa toute-puissance m'a protégé ce jour-là comme les autres, car je devais être prisonnier, et conduit par elle, j'ai échappé...

CELTILL.

Une armée cernée par trois cents nations ne se dégage pas comme un cavalier entouré par quelques soldats...

CÉSAR.

Elle échappe en sacrifiant des soldats comme j'ai moi-même sacrifié mon épée.

CELTILL.

Tu sembles déjà tout résigné au massacre épouvantable qui se prépare ! Si tu n'as pas pitié des Gaulois, n'as-tu pas pitié au moins de ces milliers de légionnaires dont ta volonté seule va ordonner la mort? le vallon qui nous sépare sera dans quelques jours un lac de sang...

CÉSAR.

Plus il coule de sang dans une bataille, plus elle donne de gloire au général vainqueur! De la gloire! c'est là ce que je suis venu chercher en Gaule, et ce que je trouverai dans d'immenses batailles... n'espère donc pas que notre longue lutte se terminera par un simple traité. Non! pas d'indépendance pour la Gaule, c'est impossible ! Il faut que je meure ou que je vous écrase ! C'est vous qui l'avez voulu : pourquoi m'avez-vous résisté avec tant d'obstination?

CELTILL.

Dis-nous d'abord pourquoi tu nous as attaqués avec tant de violence?

CÉSAR.

Il me fallait des victoires...

CELTILL.

C'est-à-dire qu'il fallait couvrir ton front de notre sang pour le faire briller !...

CÉSAR.

Je suis proconsul romain ; je ne rentrerai pas à Rome sans m'être rendu digne du triomphe, et sans apporter au Sénat une province nouvelle.

CELTILL.

Et de quel droit es-tu venu chercher dans notre patrie cette province nouvelle ?

CÉSAR, dédaigneux et irrité.

De quel droit ! cela importe peu. Quand il s'agit d'agrandir sa puissance, le peuple qui a la force peut se dispenser d'avoir le droit...

CELTILL.

Ah ! voilà enfin que l'insolence et l'impiété romaine parlent par ta bouche avec une pleine franchise !... oui, nous le savons, la force est la seule divinité que les Romains respectent. Traités, lois, promesses, le fer de leur javelot se plaît à tout déchirer !... C'est ainsi que vous croyez un jour conquérir le monde... l'orgueil de vos oracles vous a promis l'empire universel !... Mais en vous remplissant de cette folle espérance, ce que vos prêtres ont versé en vous, ce n'est pas cette noble ardeur qui échauffe l'âme et rend invincible, c'est l'ivresse aveugle qui rend fou et qui entraîne à l'abîme !... Vous y touchez, et ma main est peut-être celle que les Dieux ont choisie pour vous y précipiter ! Jusqu'à ce jour, sur votre route sanglante, vous avez toujours trouvé des peuples disposés à ajouter foi aux superbes mensonges du Capitole, mais les guerriers de la Gaule sont plus difficiles à persuader. Ils ont un passé qui leur répond de l'avenir !... Vous parlez sans cesse des destinées de la race romaine ; croyez-vous donc que la race romaine occupe seule les loisirs des Dieux ? Et si vous avez des annales illustres, les nôtres sont-elles sans gloire ? Nous étions célèbres quand vous n'étiez pas nés encore ! Nos pères avant les vôtres ont parcouru l'univers en vainqueurs : il n'est pas une contrée qui n'ait tremblé devant nos armées et retenu, pour le redouter, le nom de nos chefs. Partout nos tribus ont promené leur fantaisie victorieuse, partout elles ont répandu une invincible terreur. Nous avons campé sur les ruines de Troie et nous avons tenu l'Asie sous nos lois. Va jusqu'aux bords de l'Euphrate, et tu y trouveras nos colonies florissantes... Va consulter sur nous l'oracle de Delphes, et il te dira tout bas que Teutatès a brisé un jour l'autel d'Apollon ! Mais n'est-ce pas à un Romain que je parle ? César, ne sais-tu pas que sur les bords de l'Allia s'est livrée une bataille illustre ? As-tu oublié le nom de notre Brennus, et ne sais-tu pas que pendant dix ans il a campé à quatre lieues de Rome ? Il n'est parti que lorsqu'il a été las de votre Italie ! Ne te souviens-tu pas de la balance où il a pesé Rome à son gré ? Il vous estimait plus que vous ne vous estimiez vous-mêmes, car vous avez trouvé qu'il vous imposait une trop forte rançon ! Ne te rappelles-tu pas que dans les armées d'Annibal et de Pyrrhus, aux premiers rangs ont toujours combattu et vaincu des Gaulois ? Nous étions à Cannes, et nous savons comment se dressa le joug sous lequel passèrent les consuls romains, le front bas et le genou plié ! Nous étions avec Annibal quand il brûla quatre cents villes romaines, et partout où les invincibles légions romaines ont été écrasées, nous avons aidé à élever le trophée qui éternisait votre honte ! Aussi, depuis des siècles, chaque mouvement de nos tribus met le Forum en tumulte... Nous vous avons forcés jusqu'à inventer des mots nouveaux pour exprimer l'angoisse inconnue que jette dans vos cœurs l'aspect seul de nos armées !...

CÉSAR.

C'est ce prestige d'épouvante que je dois détruire... Je viens en Gaule pour noyer dans le sang la race des Brennus...

CELTILL.

Dans ce sang dont tu as inondé chaque sillon de notre terre gauloise, naîtront au contraire cent Brennus plus farouches et plus inexorables que celui dont vous croyez voir encore l'ombre gigantesque errer autour de votre Capitole ! Ta guerre impitoyable a ranimé toutes les vieilles haines. Quand tu as franchi les Alpes, la paix régnait entre le Sénat et la Gaule... Nous étions même vos amis, et je peux le dire, vos sauveurs ! Si

Brennus a brûlé votre ville, les Allobroges l'ont pré-
servée de l'incendie, le jour où leurs députés trop sincères ont révélé à votre consul Cicéron le complot de
Catilina. (Il s'exalte peu à peu en parlant). La Gaule, par ce
service, aurait conquis pour jamais la reconnaissance de
Rome et mérité son éternel respect, si Rome savait
respecter ce qu'elle envie, et si mériter sa reconnaissance n'était pas lui faire injure! Rome n'a vu dans
notre amitié qu'un moyen de glisser traîtreusement au
sein de notre patrie un fer qui l'a déchirée. Aujourd'hui,
il n'y a plus en Gaule un enfant qui, en entendant prononcer ton nom, ne sente la colère et la vengeance lui
serrer la gorge jusqu'à l'étouffer... Tu as tari les larmes
de nos femmes!.. Nos prêtres ont épuisé contre toi leurs
malédictions! Au fond de tous les sanctuaires, des cris
s'élèvent sans cesse vers le ciel pour réveiller le Dieu
endormi qui oublie de lancer sur toi la foudre... Il n'y
a pas un moment qui s'écoule sans que ne retentisse
quelque part un sanglot qui implore ton châtiment!
Chaque fois que la pensée de César apparaît en nous,
nous sentons notre cœur battre à coups redoublés comme
si le Dieu de la vengeance voulait nous indiquer la place
où nous devons te frapper !...

CÉSAR, souriant.

Le député d'Alésia me semble user de paroles peu pa-
cifiques pour un parlementaire qui vient proposer un
traité !.....

CELTILL.

Tu te ris de moi! tu n'as comme réponse à mes prières
que l'ironie et le dédain injurieux; pourquoi contrain-
drais-je plus longtemps ma bouche à la modération, quand
mon cœur indigné déborde? Pourquoi respecter en
toi un vain souvenir d'affection hypocrite que tes paroles
meurtrières ont déjà étouffé? Tu n'es plus pour Celtill
que le proconsul barbare qui a couvert la Gaule de
ruines fumantes, qui a répandu dans nos champs le silence de la stérilité, dans nos familles le silence du désespoir !... Oui, c'était la paix que ma patrie trop généreuse
venait t'accorder par ma voix; ce qu'elle t'apporte maintenant, c'est le vœu de colère que le prêtre prononce sur
la tête des victimes vouées aux Dieux infernaux, avant de
les immoler! J'étais fou tout à l'heure, et tu as raison de re-

jeter l'alliance que je te proposais! On ne doit pas plus traiter avec toi que le chasseur ne traite avec la bête féroce !
Pourquoi traiter? Les serments n'ont jamais été pour toi
qu'une des ruses de la guerre ; lorsque tu jures de dépo-
ser les armes, c'est que tu veux en secret les aiguiser !
Non ! jamais on ne traitera avec l'impie qui a violé en
souriant tous les temples !.. Il n'est plus en Gaule un autel
que ta main n'ait profané pour le dépouiller de ses trésors ; et si je faisais la paix avec toi, les Dieux eux-
mêmes lanceraient sur ce traité sacrilége le feu du ciel
pour le réduire en cendres ! Tu as raison, il faut combattre jusqu'à ce que soit puni ce féroce Romain qui
coupe les mains et crève les yeux de ses prisonniers ; qui
leur vend la grâce de les tuer d'un seul coup ; qui brûle
les enfants, déshonore les vierges, torture les mères, et
qui appelle peuple de scélérats le peuple qui prétend
rester libre possesseur de la terre où depuis des siècles
sont ensevelis ses pères ! Tu connais ce Romain, César !
c'est ce pâle ambitieux qui se prépare à asservir sa
patrie en voulant asservir la nôtre ! Nous te châtierons
en un jour de ton double attentat ; et Rome nous rendra
grâce, car en défendant notre liberté nous protégeons
la sienne..... L'âme indignée de Caton a déjà demandé
que le Sénat te livrât à nous pour te punir de tes trahisons ; et que de fois ont pénétré dans mon camp des
messagers chargés d'or, envoyés par de nobles Romains,
qui m'offraient vingt fortunes contre ta tête ! Je les ai
renvoyés avec mépris ; je suis Gaulois, la ruse me
dégoûte. Ce n'est pas par le bras d'un vil assassin que
tu dois périr : non, c'est la noble épée d'un soldat qui
bientôt, se plongeant au grand jour dans ton sein, va
délivrer le monde !...

CÉSAR.

Heureuse et noble jeunesse ! qui ne vous pardonnerait
cet enthousiasme avide d'illusions généreuses ! Jeune Har-
modius ! ô Viriathe gaulois !.. tu as largement épanché ton
âme... écoute-moi maintenant avec plus de calme, et si tu
peux, comprends mieux mes desseins !... Je ne te répondrai pas avec colère, je t'ai irrité tout à l'heure par
quelques paroles trop fières, j'ai eu tort ; avant tout, je
tiens à ne pas paraître devant tes yeux comme un conqué-
rant brutal... Ainsi que toi, Celtill, je cherche la prospé-
rité de la Gaule. Si tu avais vécu à Rome.....

CELTILL.

Je ne veux pas voir Rome, et jamais je n'en franchirai le seuil !.....

CÉSAR.

Tu ne sais non plus que moi où tu mourras ! L'avenir n'aime pas à suivre toutes les routes que nous lui traçons ! Je voudrais, pour ma part, que tu vécusses quelques temps, comme l'ont fait tant de tes compatriotes, dans cette Rome que tu détestes sans la connaître ; tu y rencontrerais à chaque pas des citoyens de tous les pays de l'univers, qui ne rougissent pas d'avoir accepté de Rome le titre de *peuple allié*.....

CELTILL.

Adieu ! ce n'est pas devant Alésia que la Gaule acceptera des titres accordés par Rome ! Je sais que vous nuancez savamment l'esclavage, et que vous désignez votre tyrannie par vingt termes différents ; mais dans notre langue gauloise, pauvre en mensonges, tous ces mots flatteurs ne peuvent se traduire que par ce seul mot trop clair : Servitude !..... Adieu ! j'étais venu apporter la paix, tu as voulu le combat, que le sang versé retombe sur ta tête en pluie brûlante ! Je te donne rendez-vous au pied des murs d'Alésia, devant ta forteresse et la mienne. Là, entre la Gaule qui a tous les droits avec elle, et Rome qui traîne sous ses aigles tous les crimes, les Dieux choisiront...

Il se dispose à sortir. — Pendant ses derniers mots, on a entendu au loin résonner les clairons.

CÉSAR.

Les choix des Dieux ne sont pas toujours aussi vertueux que les désirs d'un jeune et noble cœur ! C'est le plus adroit, Celtill, que le Ciel favorise ; sois plus habile et surtout plus heureux que César, sinon tu ne seras pas son vainqueur ! Adieu donc, puisque je ne peux accepter la paix que tu me proposes, et que tu ne veux pas régner par moi sur la Gaule soumise à Rome. A bientôt, devant Alésia ! Consens à toucher ma main, non comme celle d'un ami, mais comme celle du guide qui t'aidera à traverser le camp.

CELTILL.

Cet office est indigne de César ; un esclave m'a conduit, qu'un esclave me ramène.

CÉSAR.

Je t'obéirai une dernière fois... bientôt tu seras obligé d'être moins fier !... Tu me permettras du moins de t'accompagner jusqu'à la porte du camp; ces clairons annoncent une sortie; César te conduira lui-même à la tête de tes troupes qui approchent...

César a soulevé la tente. Un esclave a paru.

CELTILL.

Te verrai-je bientôt à la tête des tiennes ?

CÉSAR, suivant Celtill et l'esclave qui sortent.

Plus tôt que ton salut ne le voudrait !

SCÈNE X.

LUTÉTIANA.

Elle soulève la tapisserie avec précaution, traverse rapidement la scène et va à la porte de la tente ; elle regarde de tous côtés avec avidité ; elle semble enfin avoir aperçu au loin César et Celtill ; elle tressaille à cette vue.

Hélas !... comme il s'éloigne vite !... Oui, noble Celtill ! fuis ce camp funeste; quitte-le sans tourner la tête, et ne permets pas un instant à cet odieux César de te toucher. Mais moi !.. Horreur !... Qu'ai-je fait ! Malheureuse !.... (Elle revient sur le premier plan.) Et j'osais prononcer le nom de Celtill, moi qui ai laissé la bouche d'un César souiller ces mains de son baiser infâme !... ses lèvres minces et froides ont osé m'approcher ! Ah ! Celtill ! pardonne, pardonne à une enfant qui a été chargée de lourdes chaînes, qui craignait les supplices, qui cherchait à tout oublier.... qui était lasse d'insultes et d'outrages grossiers !... Ah ! infortunée ! comment expierai-je la criminelle langueur dans laquelle mon âme engourdie se laissait tomber peu à peu... O puissances célestes, soyez bénies, vous qui avez envoyé le sauveur de la Gaule pour défendre Lutétiana ! Oui, Celtill, tu es le génie qui veille sur moi... tu es venu pour me réveiller de mon dangereux sommeil !... Si tu es venu, tu me pardonnes ! Oh ! je le sens, tu ne me détestes pas, tu ne me méprises pas, tu n'as pas quitté Alésia pour me maudire, car tu es apparu au moment même où je parlais de toi.... où je cherchais ton image effacée.... mon âme était pleine de toi quand mes yeux t'ont contemplé !

L'impie César est le seul coupable!... ce souffle empesté qui s'exhale de ses lèvres cherchait à me corrompre; sous son regard je me sentais chancelante.... Ah! j'étais faible, mais je pensais toujours à toi.... Maintenant, ne crains plus cet évanouissement de ma pensée! j'ai vu briller la limpide étincelle qui resplendit dans tes yeux; ce rayon du ciel a ramené dans mon cœur une lumière sereine; j'ai retrouvé une étoile pour me guider; je sais où je dois marcher.... je ne suis plus entourée de ce brouillard sombre qui pesait sur ma poitrine.... mon âme sort de songes pénibles,.., je renais à la vie lumineuse.... je ressens de nouveau, pour ma Gaule, un amour sacré qui tressaille dans toutes mes veines!... La Gaule, n'est-ce pas Celtill!... c'est lui que nos tribus ont choisi... c'est lui que nous devons tous adorer, c'est pour lui que nous devons tous nous sacrifier.... la patrie l'ordonne! C'est sa voix que j'entends enfin vibrer en moi... cette voix était morte comme moi-même... Celtill a tout ranimé dans mon être!... Je marchais les yeux fermés sur la route du déshonneur... mes pieds m'entraînaient malgré moi sur cette pente horrible et glissante... mais mon bien-aimé m'est apparu... tel que jadis je l'avais aperçu dans la bruyère... Autour de sa chevelure flottante j'ai vu de nouveau ce rayonnement céleste qui l'entoure d'une lueur dorée.... Tout à l'heure, comme dans cette soirée où les Dieux ont fait descendre vers moi sa mystérieuse image, j'ai senti mon cœur s'élancer vers lui et quitter ma poitrine pendant que l'éclat de ses regards me brûlait les yeux! Ah! Celtill! m'as-tu vue autrefois dans tes songes, quand ton ombre était assise à mes genoux?... M'as-tu vue passer dans tes plus douces rêveries, chaque fois que ta douce image reparaissait devant moi?... Hélas! tu m'as fuie encore tout à coup?... Ah! triomphe vite de ce hideux Romain! que je puisse voler dans ton camp et embrasser les genoux sacrés du jeune héros de la Gaule!... (Saisie tout à coup d'un doute qui l'accable.) Mais, grands Dieux! que verra-t-il en moi?... l'esclave de César!... C'est dans sa tente que l'on me trouvera, au milieu de ses captives!... Quel soupçon horrible peut saisir son âme!... On m'a vue, obéissante, franchir le seuil de cette porte! Celtill me repousser, me mépriser?... O pensée plus cruelle que la mort, que le déshonneur même! (Accablée un instant, elle se relève tout à coup comme en délire.) Non! la fille de Camulogène prouvera qu'elle était

digne du fils de Celtill!... Si les Dieux m'ont envoyée dans
le camp romain, c'est pour le salut de la Gaule!... Je
suis esclave, mais c'est le bras de cette esclave qui donnera la liberté à sa patrie!... Celtill, ce n'est pas le
front rougissant, courbée sous le poids de la honte : c'est
portée sur un char orné de fleurs que je rentrerai
dans ton camp!... Tu redoutes le massacre qui se prépare... ton âme généreuse a la sainte horreur du sang
versé... Rassure-toi! il n'y aura qu'un cadavre!...
(Elle cherche autour d'elle, aperçoit, à un des trophées de la tente,
l'épée de César qui y est suspendue avec d'autres, la saisit, et la tire
du fourreau avec un geste fébrile.) César, c'est ton sang et
non le nôtre qui va teindre ce fer! (Elle laisse retomber
l'épée à son côté, et l'écarte comme si elle craignait d'en être touchée.)
Hélas! il faut que mon bras soit hardi, et je sens trem-
bler tout mon corps à la vue seule de cette épée nue où
je crois déjà voir des reflets de sang!... Pourquoi cette
terreur? ne suis-je pas prêtresse? ne devais-je pas,
d'une main hardie, percer les victimes au front? C'est
au cœur qu'il faudra la percer aujourd'hui! (Elle croit entendre César et tressaille.) Non... ce n'est pas lui... encore
quelques instants!... Ah! Celtill, tu as renouvelé mon
âme! pourquoi n'as-tu pas versé en elle une force
égale à mon amour? Moi, je n'ai jamais touché une
épée... je ne peux supporter la vue des éclairs qui jaillissent sans cesse de cette lame... elle semble vivante!...
Que ne peut-elle se lancer elle-même contre le sein qu'elle
doit percer!... Insensée! pour donner une indomptable
énergie à ton cœur, pense que ton père est mort en
combattant contre l'impie!... N'auras-tu pas le courage
de le venger?... Dieux inflexibles! venez guider ma
main sans expérience!... Teutatès! donne-moi ta colère...
(Bas.) Ciel! déjà lui...

SCÈNE XI.

CÉSAR vient d'entrer rapidement ; il se dirige vers la table de gauche, sur
laquelle est posée son casque. — Lutéliana frémit, semble près de
tomber ; elle se redresse convulsivement, s'approche de César par
derrière, veut le percer ; mais au moment où elle lève l'épée, elle
pousse un faible cri, laisse échapper le fer et tombe évanouie. César
se détourne surpris, et la voyant étendue à terre, se penche vers elle
avec intérêt.

CÉSAR.

Lutétiana!... quel est ce délire?... Où son rêve l'avait-il entraînée?... Une épée dans ses mains!... (Il ramasse l'épée.) Etrange folie!... c'est la mienne!... Sa main est glacée et son front trempé de sueur!... ses lèvres s'agitent comme si elle voulait parler! tout son corps frissonne! Je crois, en vérité, que j'ai pour esclave la pythie gauloise! La prêtresse de Delphes n'a pas de frémissements plus tragiques! Quelle idée bizarre a pu la pousser à prendre mon épée?... (Il se relève et la contemple.) Que de ravissantes beautés dans ce désordre! que de trésors pour un amant dans ce sein palpitant! Heureux qui sera aimé d'elle! elle portera dans sa passion une adorable fureur! Elle est mon esclave, il faudra bien un jour qu'elle obéisse!... Dans ce maudit pays de Gaule, on doit tout négliger pour la guerre! Qu'elle finisse donc au plus tôt! (Il met son casque.) Dama! (Un vieil esclave paraît.) Donne des soins à cette femme; elle vient, je ne sais pourquoi, de perdre ses sens; apporte-lui quelque cordial qui la ranime. Je descends dans la plaine pour reconnaître les ennemis qui s'approchent. Je serai de retour dans quelques heures; le combat qui va s'engager n'est qu'une escarmouche d'avant-postes. Va! (L'esclave sort; César ceint son baudrier, qu'il a été détacher du trophée.) Ah! Celtill! tu te crois déjà vainqueur! tu oses traiter avec moi d'égal à égal! (Il prend son épée et la considère.) Cette épée nouvelle va venger celle que j'ai perdue, et que vous êtes si fiers d'avoir ramassée sur le champ de bataille! La vierge qui a touché ce fer, vierge comme elle, lui portera bonheur!

Il sort.

SCÈNE XII.

L'ESCLAVE rentre, portant une coupe et un flacon; il les dépose sur la table, se penche vers Lutétiana, lui prend la main et l'appelle.

L'ESCLAVE.

Lutétiana!

LUTÉTIANA. Elle se redresse tout à coup et regarde autour d'elle d'un
air égaré.

Est-il mort?... où est-il?... (Elle se lève.) Seule!... Où est-il?... qui l'a emporté?

L'ESCLAVE.

Qui?

LUTÉTIANA.

Ton maître?

5

L'ESCLAVE.

César? Il est allé combattre. Il vient de partir.

LUTÉTIANA,

Combattre?... combattre?... Cette main ne l'a donc pas tué? Où est son épée?... (Elle cherche et ne l'aperçoit pas. Elle se passe la main sur les yeux.) Ah! faiblesse misérable! j'avais vu un nuage de sang! j'ai cru sentir le glaive s'enfoncer dans son cœur! j'ai entendu un cri déchirant! ô lâcheté! tu es née dans le cœur d'une femme! C'est moi qui frappe, et c'est moi qui tombe!

L'ESCLAVE, lui apportant la coupe qu'il a remplie.

Bois.

LUTÉTIANA.

Est-ce du poison?.. Veux-tu en préparer pour César? tu le lui verseras ce soir, n'est-ce pas?.. Tiens, tout ce que je possède sera pour toi; tout cela, et bien des trésors encore!

Elle détache son bracelet et le lui présente; l'ESCLAVE hausse les épaules, va remettre la coupe sur la table, la lui indique du doigt et sort par la droite, disant à demi-voix, en montrant son front :

Elle est un peu folle, la belle Gauloise!...

SCÈNE XIII.

LUTÉTIANA, seule.

Folle! folle!... Ah! oui, folle de douleur et de honte! oui, folle de remords et de terreur! Ah! bras débile, qui m'as trahie, que je te hais! (Elle se tord les bras avec désespoir.— Les clairons retentissent.) Quel est ce bruit?... on se bat! Ah! que ces accents de mort font de bien! César! tu m'as échappé! mais tu n'échapperas pas à mon Celtill!... tu t'es lancé dans la mêlée avec une épée qui ne peut plus te défendre: elle a été avilie par la lâcheté d'une femme!... (Les clairons retentissent avec plus de force.) Résonnez, clairons romains! résonnez comme dans les funérailles! c'est la mort de César que vous proclamez!.. La voûte du ciel frémit avec joie! une fête immense se prépare pour la Gaule: annoncez-la à tous les échos de la terre! Mais moi, ne contemplerai-je pas cette lutte suprême que je n'ai pas su finir d'un coup?... Je n'ai pu tuer César, ah! au moins que je le regarde mourir, que je voie un

Gaulois rougir son glaive de ce sang impur !... Oui, il faut
que je fuie ce camp ! Dans le désordre de la bataille, je
trouverai bien quelque issue... j'irai rejoindre mes Gaulois bien-aimés. Ah ! plutôt tout braver que d'être trouvée
ici par Celtill !... Cet esclave est parti... m'a laissée
seule... déjà tout semble aider ma fuite... Oh ! la pensée
seule de revoir Celtill me rend les forces que ce vain coup
d'épée m'avait ravies !... Dieux de ma tribu, aidez votre
prêtresse à quitter cet odieux camp où j'ai tant pleuré,
où je sentais les flammes les plus pures de mon cœur
s'éteindre et jeter tout autour de moi, en mourant, de
honteuses et funèbres lueurs ! (Elle a épié toutes les issues ; elle
est près de la porte de la tente.) Et toi, antre empoisonné du
fils de la louve, demeure souillée du vil César, adieu
pour jamais !... asile de la débauche et de la froide
cruauté, je te maudis !...

Elle s'enfuit. La toile tombe.

ACTE SECOND

LE CAMP ROMAIN

La place du Prétoire, devant la tente de César. — Sur la droite, une des
portes de cette tente. Au devant, le tribunal de César, formé de gazon
et de fascines, orné de faisceaux d'armes. Au fond, la place se termine
brusquement par un précipice. A gauche, un chemin qui descend à
travers des rochers. L'horizon est fermé au loin par des montagnes.
Du côté de la tente de César, des prisonniers gaulois, dépouillés de
leurs armes, couverts de sang et de blessures, sont couchés avec des
chaînes et des liens aux pieds et aux mains. Des soldats romains, armés
de lances et de javelots, veillent sur eux, et les forcent, à coups de lances,
à se presser, quand d'autres prisonniers arrivent. Au milieu de la scène,
groupes de soldats romains : les uns sont assis sur les rochers, sur
des sacs de terre, sur des fascines ; les autres se promènent çà et là.
Des faisceaux de distance en distance. La scène est très animée ; l'allée
et venue des soldats, l'arrivée de nouveaux prisonniers, le passage des
blessés dans le fond, répandent un mouvement continuel. Jusqu'à
l'entrée de César, on entend résonner au loin un bruit confus de clairons et de trompettes. C'est l'écho de la bataille qui se livre autour
d'Alésia, placée à un quart de lieu sur la gauche, sur une montagne que
le spectateur ne voit pas, mais que les soldats peuvent apercevoir en
partie en se penchant au bord du ravin.

SCÈNE Iʳᵉ.

LABÉO, Centurion, avec l'aigrette et le cep de vigne. ACILIUS, vieux légionnaire. POSTHUMUS, jeune soldat de vingt ans. SPURIUS. SOLDATS romains. PRISONNIERS gaulois ; parmi eux, l'Armoricain CANTORIX, l'Arverne CALABER, un guerrier de la tribu des Parisiens, etc.

SPURIUS au bord du précipice, regardant du côté de la bataille.

Camarades! voilà encore une de nos tours qui brûle!...

Tous les soldats s'approchent de Spurius et regardent l'endroit qu'il leur indique.

Le vieil ACILIUS. Figure énergique, accent brutal.

Oh! les maudits sauvages!... Que mille furies puissent donc les étrangler!... C'est la tour de la septième légion! je reconnais son aigle. J'ai là de vieux compagnons qui méritaient mieux que de rôtir par la main de ces enragés Gaulois!...

SPURIUS.

Voyez! quelle fumée noire!... Il semble qu'on entend des cris de désespoir!...

ACILIUS.

Dans ce tourbillon furieux se débat plus d'une âme qui maudit les Dieux... et quel Romain ne les maudirait en subissant une aussi misérable agonie sur un bûcher allumé par des mains barbares!... Par Pluton! nous vous vengerons, camarades! Nous ferons souffrir dix mille morts à ces bandes d'incendiaires!...

SPURIUS.

Un soldat s'est précipité du haut de la tour!..

Le centurion LABÉO.

Le fou! il sera percé par les piques qui l'attendent en bas!

SPURIUS.

Mais, non! il n'est pas mort! voyez-vous ce tumulte autour de la place où il est tombé?

ACILIUS.

Brave camarade! il a voulu faire avaler un peu de

fer aux traîtres qui lui ont fait avaler leur fumée infernale...

SPURIUS.

Par Hercule ! il doit être tué... on ne voit plus que des chevelures gauloises là où brillait son casque...

ACILIUS.

Les sauvages l'ont massacré sans peine ! Mais, par la foudre du ciel ! où donc est César?... peut-on laisser égorger ainsi sans secours de braves gens qui se battent depuis le matin !...

LABÉO.

Acilius, respecte ton général... peut-il se battre en même temps sur la montagne et dans la plaine?... Il a passé tout à l'heure au pied de la tour, mais elle n'était pas encore enflammée, et il a disparu au galop derrière la colline...

SPURIUS.

Il allait soutenir Labiénus qui a plié...

ACILIUS.

Tout le monde plie donc aujourd'hui?

SPURIUS.

N'as-tu point vu cette avalanche d'Armoricains qui tombait du haut des rochers en poussant d'épouvantables cris?... Le premier choc de ces sauvages est terrible...

ACILIUS.

Il n'y a pas de choc qui doive faire reculer une légion romaine !

LABÉO.

Oui, quand César la commande; mais Labiénus n'est pas César !

SPURIUS.

Il n'y a qu'un César dans l'univers... jamais un retranchement construit et commandé par César n'a été forcé!...

ACILIUS.

Pourquoi ses lieutenants ne font-ils pas comme lui? Pourquoi ne descendent-ils pas dans la tranchée?... César examine tout : fascines, sacs de terre, palissades;

il regarde tout, et voit jusqu'au dernier clou qui manque.....

Le jeune POSTHUMUS.

Et s'il trouve un défaut dont il s'est plaint, son œil noir lance un éclair qui fait froid jusque dans la moelle des os; je crois qu'il devine si l'envers de notre cuirasse ne brille pas comme l'endroit !...

ACILIUS, à Posthumus.

En sortant de ses mains, jeune homme, on sait ce que c'est qu'un bon général, qui sait commander, et on sait obéir...

POSTHUMUS, timidement.

Il est quelquefois bien sévère...

ACILIUS.

Il est sévère pour lui-même; pourquoi ne le serait-il pas pour nous? Ne fait-il pas toutes nos marches à pied, tête nue, devant nous; et se plaint-il? Crois-moi, mon jeune camarade, laisse-toi former par César. J'ai servi sous plus de dix généraux : aucun ne savait comme César faire un soldat d'un citoyen; une cohorte, entre ses mains, vaut une légion commandée par n'importe quel consul, fût-ce le grand Pompée lui-même !

SPURIUS. Il est resté au bord du ravin.

Camarades, le voilà ! il accourt comme l'oiseau de Jupiter!... son épée va lancer la foudre sur ces barbares ! Nos compagnons sont sauvés...

Les soldats se rapprochent de Spurius.

ACILIUS.

S'il en reste !...

LABÉO.

Mais où vois-tu donc César?

SPURIUS.

Là bas, au pied de la troisième colline... N'aperçois-tu pas son manteau rouge? il traverse le ruisseau à la nage... il sort du ruisseau... ne reconnaissez-vous pas son cheval merveilleux? Des gerbes d'éclairs jaillissent de ses naseaux en feu... on dirait d'un des coursiers du soleil, tant sa crinière éblouit...

LABÉO.

Mais, oui, c'est lui... ah! la poussière le cache... non, il reparaît......

POSTHUMUS.

Il approche de notre côté... il accourt...

ACILIUS.

A la bonne heure donc, race des Jules!... viens donc venger tes vieux légionnaires.... étouffe dans le sang les flammes allumées par ces lâches qui ne savent plus se défendre que par l'incendie... Vive César!

TOUS les soldats au bord du ravin crient, en agitant leurs épées :

Vive César!

SPURIUS.

Il a levé la tête... on dirait qu'il nous a entendus..... Vive César!... — Nouveaux cris : Vive César!

LABÉO.

Oui, il nous a aperçus... il nous fait signe avec sa javeline blanche... Déjà, à sa vue seule, les Gaulois sont en fuite.

TOUS, avec enthousiasme :

Vive César!

ACILIUS.

Il nous voit, et il ne nous appelle pas... nous, ses vétérans!... il va combattre, et nous, nous restons ici!... Je voudrais, par le Styx! que l'armée fût à moitié battue! au moins, on aurait besoin de nous et nous pourrions faire goûter à nos javelots un peu de sang gaulois...

LABÉO.

On ne voit plus rien! La poussière et la fumée cachent tout! Allons, camarades! attendons patiemment!.....

Tous reviennent au premier plan.

ACILIUS.

Attendre!... toujours attendre!... garder la tente de César, on appelle cela un poste d'honneur!... j'appelle cela un poste d'enfants à la mamelle!... Qui donc oserait jamais approcher de notre prétoire?... Quand donc le pied d'un Gaulois a-t-il souillé la tente sacrée de notre général?...

Le vieux CANTORIX. Il est dans le groupe des prisonniers couchés à terre; il se soulève à moitié et, d'une voix grave :

Il y a trois mois, nous l'avons prise et brûlée, votre tente sacrée!...

LABÉO, se retournant irrité.

Silence, gibier d'amphithéâtre !... Qui t'a permis de
prendre la parole ici ?...

CANTORIX.

Tant qu'un Gaulois a une langue, il parle !... Crois-tu
que les chaînes dont tu as chargé mon corps aient touché
mon âme ? mon âme est toujours libre, et j'en resterai le
seul maître jusqu'à mon dernier soupir !

ACILIUS, la main sur son épée.

Prends garde que je ne te coupe ton âme en deux, en
séparant tes épaules de ta vieille tête, chevelue comme
celle des Parques.

CANTORIX.

Tu le peux, et tu me feras plaisir !.... j'aurais voulu
qu'elle tombât sur le champ de bataille !... débarrasse-moi
du peu de vie qui me reste ; je ne mouillerai presque pas
ton épée, tout mon sang est resté là bas !...

Acilius hausse les épaules et va s'asseoir à gauche, sur une fascine.

LABÉO.

Tu en as encore assez pour tracer, en le versant sur le
sable de l'arène, des dessins qui charmeront les yeux des
amateurs du cirque !... C'est là que tu mourras ; et la griffe
des lions saura mieux que notre épée arracher du fond
de ton gosier cette langue vaniteuse, si fière de lancer
encore l'outrage et l'insolence !...

CANTORIX.

Elle est insolente parce qu'elle blesse ton orgueil.

LABÉO.

Oh ! je sais que tu auras toujours une réplique toute
prête. Les Gaulois sont de très ingénieux sauvages ;
la repartie piquante pousse naturellement dans vos esprits comme l'ortie dans vos champs...

CANTORIX.

L'esprit des Gaulois est moins prompt encore que leur
épée !...

LABÉO, railleur.

Malgré sa promptitude, cette épée gauloise si alerte
n'a jamais su atteindre César !...

CANTORIX.

La bataille n'est pas finie !...

LABÉO.

Oh! tu comptes sur cette dernière bataille ! Quand on doit être vainqueur le soir, il est bien peu adroit de se laisser prendre le matin !...

CANTORIX.

Si mes deux jambes brisées avaient pu me soutenir encore, je ne serais pas ici, obligé d'entendre tes sottes paroles !...

LABÉO, ramassant un fouet.

Entends aussi ce coup de fouet ! (Il le frappe.) Je suis doux et plein de bonhomie; mais vraiment, si on laissait faire les Gaulois, ils traiteraient leurs vainqueurs comme des esclaves ! Bête brute, prends garde que je ne te fasse mettre en croix et arracher les yeux !...

CANTORIX.

Je ne me plaindrais pas du supplice, puisque je ne te verrais plus.

LABÉO.

Tu me défies... sais-tu que je pourrais te tuer à l'instant comme un chien ?

CANTORIX.

Je sais que je suis las de t'entendre; et puisque tu ne veux pas te décider, puisque je ne peux mourir de la) main d'un ennemi, comme mes frères, je mourrai du moins d'une main noble et pure !

Il tire un poignard de ses vêtements et se tue.

LABÉO, s'approchant.

Par le Styx ! il s'est percé le cœur !... voilà pourquoi il était si bavard ! (S'approchant plus près.) Il est bien mort !... Camarades, savez-vous que voilà un esclave de moins à vendre !... cet insolent, non content de nous injurier, nous a volés !... C'est une vraie trahison, un déplorable abus de confiance ! Soldats ! fouillez-les tous ! ôtez ce poignard !... garrottez-les plus étroitement ! voyez s'ils n'ont pas d'armes cachées ! Vraiment, ces Gaulois se tuent avec une telle facilité qu'on dirait qu'ils ne font que cela tous les jours ! ils donnent leur vie plus vite encore que nous ne la leur ôtons. Il semblerait qu'ils sont sûrs de ressusciter le lendemain matin avec le soleil levant. Il faut, avec ces camarades de la mort, garder non-seulement les portes du camp, mais encore et plus soigneusement peut-être les portes de l'enfer... Ils vont chez Pluton comme nous irions chez notre maîtresse ; et poussent la porte du tombeau d'une main légère et joyeuse, le sourire aux lèvres et sans fermer les yeux !... Ce grand Armoricain était vieux, mais il avait une belle tête, et il pouvait bien paraître encore une fois au cirque ; je perds là au moins deux mille sesterces ! Il ne faut plus que le trésor de l'armée fasse d'autres pertes du même genre ; ils ont un moyen de m'échapper trop subtil pour que je les garde plus longtemps. Où est le marchand d'esclaves ?...

POSTHUMUS.

Je l'ai aperçu tout à l'heure de ce côté.

LABÉO.

Il ne doit pas être loin ; il rôde toujours autour de mon troupeau... Il examine mes hommes du coin de l'œil et fait des calculs sans rien dire... Où est-il passé ?

POSTHUMUS.

Le voilà derrière la tente... Eh ! l'homme aux tablettes !... par ici, on a besoin de toi !...

SCÈNE II.

AUFIDIUS, marchand d'esclaves ; tête molle et fade, œil rusé, gestes obséquieux, physionomie basse et repoussante.

Seigneurs soldats ! que Vénus et Mars vous soient favorables !

LABÉO.

C'est Mercure, en ce moment, qui doit me protéger, et contre toi ! J'ai à te proposer une affaire magnifique. Tu vois tous ces Gaulois, ils sont superbes. César te les vend, si tu les paies comptant.

AUFIDIUS.

Je ne devrais plus faire d'affaires avec César ; il vend trop cher, il me ruine !

LABÉO.

Quand il te ruinerait, fourbe, ce ne serait que justice,

puisque tes pareils l'ont ruiné à Rome. Vous autres usu-
riers et trafiquants, vous étiez les plus forts en Italie;
nous sommes à notre tour les plus forts en Gaule; à chacun son tour de dicter les conditions!... Accepte vite les
nôtres et dépêche-toi, sinon tu sais que je ne te supplierai
pas! Si tu fais le difficile, si tu ne veux pas de mes esclaves,
ils seront pour un autre! Ce ne sont pas les acheteurs qui
nous manquent. Partout où elles vont, les armées de
César sont suivies de deux bandes qui nous étourdissent
de leurs cris et qui s'engraissent partout avec nous; ce
sont là haut les bandes de vautours, et en bas les mar-
chands d'esclaves. L'odeur de l'or attire les uns comme
l'odeur du sang attire les autres, et ils nous fatiguent
ensemble la nuit et le jour de leurs clameurs avides.
Allons, fourbe, ruine-toi un peu et vite, ou sinon va-
t'en!...

AUFIDIUS, saluant humblement, et s'approchant des esclaves, dont il
examine les membres, les dents et fait sonner les muscles.

Mais moi, si je me ruine, on ne me donnera pas de
province à conquérir pour refaire ma fortune, et payer,
comme César, vingt millions de dettes!...

LABÉO.

Tes pareils savent tout prendre sans qu'on leur donne
rien!... Allons! estime-moi cette marchandise... où en
as-tu trouvé de pareille? Regarde un peu ces poitrines
d'or bruni! et ces reins! quel relief solide! ces hanches:
des contreforts de granit!... Allons! debout, canaille!...
Il les fouette; les blessés se soulèvent avec peine et retombent aussitôt.

AUFIDIUS.

Ils sont nerveux, je l'avoue; mais j'en ai vu de plus
grands; le Gaulois n'est qu'un article de second rang,
pour la taille; ils n'ont pas non plus autant de sang que
les Germains; c'est un défaut très-grave, car le peuple
aime, au cirque, que la rouge liqueur coule des blessures avec abondance; je serai obligé, pour remplir leurs
veines, de les nourrir d'une pâte qui me coûte cher; sans
cette précaution, ils mourraient sans produire d'effet...
Les cirques s'agrandissent sans cesse : il faut que le
sillon de sang soit tous les jours plus large pour que
tous les spectateurs l'aperçoivent et l'applaudissent. Et
puis, voyez comme vos soldats les ont maladroitement
blessés!... Celui-ci a la tête à moitié fracassée; celui-là a

la main estropiée ; il me faudra lui faire couper le poing.
Ce sont des frais, et je ne pourrai plus le vendre que pour
tourner la meule ou l'enchaîner comme portier à quelque vestibule. Je ne peux pas même faire d'eux des eunu-
ques, article qui se vend bien depuis quelque temps;
on dresserait plutôt un turbot à traîner un char qu'on ne
ferait un eunuque d'un Gaulois. J'ai essayé parfois ; en un
mois ils mouraient de chagrin ou plutôt de dépit, car ils ont
sur ce sujet un amour-propre d'une délicatesse ridicule !... Tu vois, mon cher, que tout cela n'a pas de
valeur... Ce qu'il me faudrait, ce sont des gladiateurs,
c'est-à-dire des gaillards solides, jeunes, élégants et sans
blessures !... Pourquoi ne défendez-vous pas à vos soldats
de porter des coups qui abîment les hommes?... Il faudrait ôter aux légionnaires leur épée et leur javelot, et
ne les armer que de filets et de lacets... J'ai là-dessus
des idées que je communiquerai un jour à César...

LABÉO.

Dès que je verrai César, sois sûr que mon premier
soin sera de lui annoncer l'ingénieuse dissertation militaire que le noble Aufidius doit lui présenter. César aime
les gens d'esprit inventif, il te récompensera.

AUFIDIUS.

Oh ! pas d'argent !... il ne m'a jamais tenté. La bien-
veillance de César, voilà tout ce que désire mon âme
désintéressée.

LABÉO.

Ton dos pourra bien avoir aussi sa part de la récompense; car, si César aime les gens d'esprit, il n'aime
pas non plus, comme on dit, que le cordonnier juge
plus haut que la chaussure; et peut-être... que les étri-
vières...

AUFIDIUS, l'interrompant.

Il serait pourtant si agréable et si lucratif de ne pas
détériorer la marchandise!

LABÉO.

Tu es bien heureux déjà que ces hommes, tels qu'ils
sont, soient encore vivants!... Avant tout, dans la bataille,
César veut que l'on tue!... Il ne nous recommande la
pitié que pour les femmes. Elles sont toutes sous sa protection, surtout si elles sont jeunes, et il punit le légion-

naire qui les blesse... Il faut les lui amener saines et sauves.

AUFIDIUS.

Je loue César de ce respect des femmes, que je comprends; car il y a dix ans, dans les guerres d'Asie, j'avais acheté vingt Syriennes ou plutôt vingt sirènes, que j'ai promenées dans toutes les provinces, et partout elles ont eu un succès tel que ma troupe était célèbre dans toute la République, et on en a parlé un jour au Sénat!... Il n'y a pas un proconsul de ce temps-là qui n'ait été mon client... Je ne blâme donc pas César de protéger les Gauloises; mais il devrait deviner que nos dames romaines, de leur côté, savent apprécier les jeunes Gaulois, et qu'elles font chaque jour des prières au Capitole pour qu'il ne leur arrive pas malheur avant leur entrée dans Rome. Quand un de ces beaux barbares aux cheveux longs comme ceux d'une prêtresse thessalienne, au corps blanc comme celui des dieux d'ivoire de Delphes, aux yeux bleus comme ceux de la Minerve d'Athènes, apparaît pour la première fois dans le cirque, timide et splendide, un vague frémissement de volupté court sur les bancs de marbre des patriciennes, comme le souffle amoureux du vent sur les épis en fleurs; sa beauté est dévorée par mille regards toujours altérés: les lèvres sont pâles, les joues pourpres; sous le réseau d'or et de soie qui les couvre à peine, on voit tous les seins palpiter de désirs fougueux; toutes les belles mains chargées de bagues qui brillent comme des constellations applaudissent en tremblant, et le soir, l'heureux propriétaire de l'esclave voit couler dans sa caisse un affluent du Pactole !... J'ai été parfois à ces fêtes, et depuis ce temps, je crois que la Gaule est réservée aux plus belles destinées; j'ai du respect pour ce peuple... Tout est bon dans ces heureux mortels! Sont-ils tués au cirque, leur chevelure seule vaut son pesant d'or... Depuis que César est ici, tout ce qui vient de la Gaule est à la mode à Rome, et nos élégantes se disputent la toison de ces barbarbares... Je connais pour ma part une consulaire qui n'a pu se consoler de la mort trop prompte d'un gladiateur adoré, qu'en ornant son front de l'opulente chevelure de l'amant perdu... Le mari ne se doutait guère que, sous cette fantaisie de parure, se cachait un souvenir d'amour!... Le brave homme a peut-être orné de diamants, pour la rendre plus brillante, cette coiffure qu'il avait payée, sans s'en douter, d'une monnaie trop conjugale... Donne-moi des héros que je puisse dresser à de pareilles aventures... des Apollons capables d'inspirer des passions dans notre beau monde ! voilà ce qu'il me faut, et non des éclopés et des manchots !...

LABÉO.

Que veux-tu? quand ils se battent, ils sont comme fous! On ne parvient à les faire prisonniers que lorsqu'ils sont à moitié morts...

AUFIDIUS, examinant le vieux Cantorix, étendu à terre.

Mais en voilà un qui a l'air de l'être tout à fait...

LABÉO.

Eh! oui, je l'oubliais ! (A deux soldats romains:) Gardes, enlevez-le, et portez-le hors du prétoire. César passera ici pour rentrer dans sa tente, et il n'aime pas les cadavres... Devant eux, son front se couvre d'une sueur livide, et j'ai vu ses mains prises tout à coup de tremblements convulsifs!...

AUFIDIUS.

C'est se montrer bien délicat pour un soldat.

LABÉO.

Brave comme un Gaulois, délicat comme une femme: voilà César.

ACILIUS, riant.

Oui, tu as raison, notre général a parfois quelques ressemblances avec une femme.

Rire des soldats.

LABÉO, aux soldats, en levant son cep de vigne.

Silence !... et gardez vos plaisanteries pour le jour du triomphe!... n'oubliez pas que vous êtes dans le camp de César; respectez la divinité du lieu... Songez aussi que cette enceinte est sacrée; c'est ici que nous offrons chaque matin le sacrifice à nos aigles!... Voyons, toi, marchand bavard, que me donnes-tu de mon troupeau? Finissons vite; assez de paroles, de l'argent!...

AUFIDIUS.

Combien vends-tu de pièces?

LABÉO.

Quatorze ; c'est tout ce que l'on a amené ici. J'en avais un de plus tout à l'heure ; mais, tu le vois, c'est un cadeau que je suis forcé de faire à tes confrères les vautours.

AUFIDIUS.

A quelles tribus appartiennent-ils ?

LABÉO.

La marchandise doit être très variée, car je ne sais quel est le coin de la Gaule qui n'a pas envoyé une bande devant Alésia...

AUFIDIUS, à Calaber, couché parmi les prisonniers.

De quel tribu es-tu, toi, robuste gaillard, qui es là, grave comme un augure ?

CALABER.

Arverne....

AUFIDIUS.

On dirait d'un Lanuvien... Tu as le dos d'une bonne largeur, et tu m'as l'air d'avoir les bras solides... Mais quel malheur !... vois, Labéo, il est tout couvert de cicatrices !... au front, à la poitrine, au bras, il en a partout, les nouvelles couvrant les anciennes !... Ce qui n'est pas en lambeaux est recousu comme une vieille tunique...

LABÉO.

Ils se battent nus comme des Luperques ; c'est une habitude du pays ; tu comprends que nos javelots ne perdent pas un de leurs coups...

AUFIDIUS, avec bonhomie.

Voyons, mon ami, pourquoi n'as-tu pas mis de cuirasse pour te battre ? ce n'est pas raisonnable ; tu vaudrais peut être quinze cents sesterces, et tu n'en vaux pas huit cents.... Une bonne cuirasse de fer, cela protége !...

CALABER.

Ce qui est de fer en nous, c'est le cœur...

AUFIDIUS.

Bien dit, mais tu ne me feras pas croire que tu as eu du plaisir à te faire percer le corps de plus de trous qu'un tigre n'a de taches.

CALABER.

Il n'y a de blessures douloureuses que celles qui sont reçues par derrière.

AUFIDIUS.

Mais, au contraire! celles qui me font le plus de chagrin, ce sont celles que tu as sur la face et sur la poitrine.... Comment pourrai-je t'exposer à la vente?... Tu n'es plus présentable. Labéo, je ne peux rien faire de ces hommes en loques; il me faudra leur faire des reprises partout, et ils seront toujours d'aspect misérable!...

LABÉO.

En voici un qui n'a pas été pris dans le combat; il est tombé dans une des fosses que César a fait creuser en avant des palissades; il doit être à ton goût.

AUFIDIUS, l'examinant.

Il n'a pas les muscles solides de l'Arverne!... De quel pays es-tu, toi?

LE PRISONNIER.

De la cité des Parisiens...

AUFIDIUS.

On n'est pas grand dans ton pays... es-tu fort au moins?...

LE PARISIEN.

Rends-moi un peu mon épée, je te ferai sentir si je suis fort; elle est là, dans cet amas d'armes; tu la reconnaîtras facilement aux brèches que je lui ai faites en l'enfonçant dans des crânes romains....

AUFIDIUS.

Si tu as entamé nos crânes, on a entamé aussi le tien... Labéo, mon cher ami, il est comme les autres; voilà une blessure au front!...

LE PARISIEN.

Un front sans cicatrice ne convient qu'à une femme!...

LABÉO, s'approchant.

Cette blessure est ancienne... tu ne l'a pas reçue devant Alésia?...

LE PARISIEN.

Non, je la dois à mon meilleur ami, qui me l'a faite
dans nos fêtes; et, depuis ce jour, je ne suis plus un enfant! J'ai été salué guerrier, et des mains du chef de
ma tribu, j'ai reçu ma première épée, notre premier
amour!...

LABÉO, à Aufidius, en souriant.

C'est une manière gauloise de prendre la toge virile;
on s'enlève un peu de chair quelque part...

AUFIDIUS.

Passe pour cette vieille cicatrice; je l'effacerai sous le
fer chaud en le marquant de son numéro... Allons!
tourne toi!... sauf ce cadeau de ton meilleur ami, tu ne
me parais pas avoir d'autre blessure?...

LE PARISIEN.

Non, malheureusement!...

AUFIDIUS.

Ah! tu envies la variété de balafres de tes camarades?

LE PARISIEN.

Pour qu'un Gaulois se porte bien, il faut que de ses
veines ouvertes par le fer jaillissent souvent quelques
flots de sang....

AUFIDIUS.

Labéo, entends-tu?... voilà une théorie que nos mé-
decins grecs ne connaissent sans doute pas à Rome...
Dis-moi, Parisien, tu m'as l'air d'avoir l'esprit assez
éveillé; me répéterais-tu les noms de tous les guerriers
de ta tribu?...

LE PARISIEN.

Tous sont mes frères; n'a-t-on pas dans l'esprit les
noms de ceux dont on a l'affection dans le cœur?

AUFIDIUS, joyeux.

Tu les dirais tous?

LE PARISIEN.

Je le jure par la pierre sacrée de notre autel!...

AUFIDIUS.

Combien ta tribu compte-t-elle de guerriers?

6

LE PARISIEN.

Hélas! à peine quelques mille aujourd'hui!

AUFIDIUS.

Par Pollux! je crois que je tiens mon homme! Tu
t'engages alors à apprendre et à retenir facilement quelques milliers de noms romains?

LE PARISIEN, d'une voix sourde et irritée.

Tu m'arracherais la langue plutôt que de me faire jamais prononcer le nom d'un seul de nos oppresseurs!...

AUFIDIUS, furieux, et quittant le groupe des esclaves.

Oui, chien maudit, je te l'arracherai, et je te mettrai
aux carrières!... Tu vois, Labéo, qu'il n'y a rien à faire
avec ces bêtes fauves? Je cherche un nomenclateur, et
tu vois ce qui m'arrive!... Parmi ces Gaulois, j'en ai
pourtant trouvé parfois de merveilleux... La mémoire de
ces sauvages, quand elle est docile, est un vrai prodige.
Nous manquons de nomenclateurs à Rome en ce moment; et, vous le savez, personne ne peut entrer dans la
vie politique sans en acheter quelques-uns... c'est le
premier instrument que doit se procurer tout patricien
qui veut faire son chemin... Quel est, en effet, l'électeur
qui résiste à un compliment public que lui fait un noble
candidat, en l'appelant gravement et lentement par ses
nom, prénom et surnom?... C'est moi qui ai fourni jadis
à César tous ses nomenclateurs, et en tout il lui faut ce
qu'il y a de mieux. Je me rappelle encore avoir vu au
Forum de bons bourgeois tout tremblants, tout cramoi-
sis d'orgueil en entendant le petit-fils du roi Ancus les
appeler dans la foule et leur adresser de ces charmantes
paroles, comme César sait si bien en trouver pour ses
électeurs influents. Ils lui auraient, avec leur vote, livré
femme, mère et fille, s'il l'avait demandé (et il en était
bien capable). C'est pourquoi, nobles soldats, je l'ai dit
souvent: (Il déclame comme s'il faisait un discours; les soldats
l'écoutent avec un air railleur.) mes nomenclateurs sont peut-
être les personnages les plus importants de la République, car ils décident des élections; et le sort des
élections, nobles soldats, n'est-ce pas le sort de l'État?
Aussi j'ai toujours vendu mes nomenclateurs très cher.
Pourquoi? Par avarice? Oh! l'âme d'Aufidius méprise ces vils calculs! Non! une plus noble raison me

guide.... Aulus Aufidius ne veut pas que le pouvoir tombe dans les mains de vils plébéiens, qui n'ont pas plus de pièces d'or dans leurs coffres que d'images d'ancêtres dans leur atrium... Sachez-le, ô vous qui daignez m'écouter, j'appartiens au parti des nobles, qui a la gloire d'être aussi le parti des riches! J'aime César parce qu'il est noble et riche; mais, par les Dieux immortels! quand on a vu à la tête de la République un rustre d'Arpinum, quand un Marius....

ACILIUS, se soulevant et menaçant Aufidius.

Ah çà! éloquent brocanteur de chair humaine, est-ce que tu ne vas pas bientôt mettre fin à ta rhétorique commerciale? Halte là! seigneur usurier, tu commences à me donner des nausées avec ton oraison; si tes lèvres de pirate prononcent encore le nom de mon ancien général, j'enverrai la paume de ma main prendre la mesure de ta face.

AUFIDIUS, tremblant, mais avec insolence.

Je suis citoyen romain!...

ACILIUS.

Et moi, je suis soldat de César, et je me moque des citoyens romains! Quand nous t'aurons fait passer par les verges, va dire à ton préteur de venir dans notre camp, tu verras ce qu'il te répondra!... Dans les camps, il y a trop de bruit pour qu'on entende parler la loi, dont la voix d'ailleurs est aujourd'hui cassée comme celle d'un clairon fendu...

LABÉO.

Allons, pas de querelles! Acilius, si tu t'ennuies, va plutôt du côté de cette Hélène qui nous arrive là-bas; elle te fera paraître peut-être le temps moins long.

ACILIUS.

Tu as raison, par Hercule!... Puisque nous ne nous battons pas, que Vénus nous console! Du sang ou des femmes, voilà la devise du soldat!... Quant à toi, vilaine tête de pavot vide, tâche de faire ton commerce sans que ta langue touche à un seul de nos généraux morts ou vivants; sinon, tu verras qu'un légionnaire n'a jamais tort quand il tue un citoyen; serait-il fournisseur des Syriennes d'occasion du grand Pompée!...

Il se rapproche du groupe des soldats occupés à lier les mains d'une

Gauloise prisonnière qui vient d'être amenée, et dont l'arrivée a attiré tous les légionnaires au fond de la scène. Cette Gauloise est la Prêtresse du prologue.

LABÉO, à Aufidius.

Je crois, Aufidius, que tu feras bien de ne pas rester longtemps ici... Oui ou non, veux-tu mon troupeau gaulois?...

AUFIDIUS.

J'en offre vingt mille sesterces.

LABÉO.

Tu te moques de moi!...

AUFIDIUS.

Par l'Olympe et par le Styx! je perdrai peut-être la moitié de ma fortune à ce marché! je t'ai bien prouvé que ces Gaulois n'étaient bons à rien... je les prends sans savoir ce que j'en ferai, pour te rendre service...

LABÉO.

Allons! il faut en finir... va pour vingt mille sesterces, marché conclu!... (Il appelle.) Soldats, soyez témoins. (Quatre soldats s'approchent.) Moi, Publius Labéo, au nom de César, vends à Aulus Aufidius ces quatorze esclaves pour vingt mille sesterces.

AUFIDIUS.

Moi, Aulus Aufidius, achète de Publius Labéo, centurion de César, ces quatorze esclaves pour vingt mille sesterces.

LABÉO, aux soldats qui gardent les Gaulois.

Soldats, laissez ces prisonniers à Aufidius. (A Aufidius.) A toi les risques, maintenant!

AUFIDIUS.

Tu auras ton argent dès ce soir. (Labéo va au fond, du côté de la Gauloise. — Aufidius fait lever les prisonniers, et dit à part, avec joie :) Six mois de régime, et j'ai là une troupe magnifique de gladiateurs! Il n'y a qu'un moyen pour conclure de bonnes affaires, c'est d'être avec son acheteur plus bavard qu'une vieille nourrice... Chaque parole qu'on ajoute aux contes qu'on lui fait, c'est quelques centaines de sesterces de moins à payer; comme dit mon Labéo, « il faut en finir!... »

Il sort avec les Gaulois.

SCÈNE III.

La druidesse prisonnière cherche à s'échapper des mains des soldats, qui l'entourent en l'examinant ; elle les entraîne sur le premier plan. Ses cheveux sont épars, le sang tache ses vêtements en lambeaux.

SERVILIUS, légionnaire qui l'a amenée et qui la tient par une corde liée autour de ses poignets.

Ah ! prenez garde ! elle est belle, bien belle, mais bien méchante ! Quand je l'ai prise, elle se battait comme une lionne en furie qui défend ses petits ! elle a tué un centurion et m'a blessé... du haut d'un char, échevelée, ivre de rage, elle nous lançait des pierres en les mêlant de malédictions.

ACILIUS, les yeux ardemment fixés sur la Gauloise.

Il me faut ta prisonnière...

SERVILIUS.

Si tu veux me l'acheter, je te la donne ! Elle m'a blessé, elle est à moi... et à l'éclat des beaux yeux, je préfère l'éclat des bons philippes d'or !... Il me faut six mille sesterces !

ACILIUS.

Tiens, voilà un collier qui en pèse trois mille... c'est tout ce que je possède !... Tout mon pécule pour cette femme, c'est une folie, mais il me la faut, où je tue quelqu'un ici !...

SERVILIUS.

J'ai dit six mille ! tu ne l'auras pas ! il me manque encore trois mille sesterces...

ACILIUS, s'élançant vers la Gauloise et lui pressant les mains.

Mais puisque je te dis qu'il me faut cette femme !

SERVILIUS.

Six mille sesterces ! pas un as de moins !... ses yeux seuls valent la somme ; tu auras le reste pour rien, et le reste n'est pas peu de chose !... Ne vois-tu pas sur ces lèvres la moisson de baisers qui t'attend ?... Ils sont mûrs et prêts à tomber, plus nombreux et plus parfumés que les épis qui tombent pendant tout un été sous la faucille agile des moissonneurs de Sicile, dans l'année la plus aimée de Cérès !...

ACILIUS.

Servilius, mon ami, je te paierai après la victoire...

toute ma part de butin , je te la promets pour cette
femme !...

SERVILIUS.

Pas de ces marchés! entre soldats on paie comptant! Quand même tous mes débiteurs auraient vu ce
matin le soleil se lever, je ferai sbien d'attendre l'appel du
soir pour écrire les legs de mon testament, car tous, peut-
être, seraient partis pour le royaume de Proserpine !...

ACILIUS, tirant son épée.

Alors, je vais te tuer !... car, par la gorge de Vénus!
il me faut cette femme !

SPURIUS, s'approchant d'Acilius.

Acilius, j'ai trois mille sesterces ; si tu veux, achetons
la Gauloise à nous deux?

ACILIUS.

Ah! brave Spurius ! je serai ton ami jusqu'à ma dernière blessure ! paie vite !...

SPURIUS, payant Servilius gaiement.

Nous serons plus qu'amis, nous serons parents, d'une
parenté qui n'a pas de nom, et qui, cependant, est, dit-
on, bien commune à Rome...

ACILIUS, impatient.

As-tu payé?... est-elle à nous?...

SPURIUS.

Mais que fais-tu? où veux-tu donc l'emmener?

ACILIUS, hésitant.

Que t'importe?...

SPURIUS.

Cher Acilius, elle m'appartient tout comme à toi, autant qu'à toi !...

ACILIUS, embarrassé.

Vois cette blessure sur sa blanche, poitrine... il faut
qu'elle soit lavée... laisse-moi conduire cette femme dans
ma tente...

SPURIUS.

Et pourquoi pas dans la mienne?

ACILIUS.

Spurius, nous allons nous battre !... je t'ai dit qu'il
me fallait cette femme !...

LABÉO.

Vous battrez-vous comme des Gaulois, à propos de
rien, à propos d'une esclave !... voilà des dés, prenez-les
et laissez vos épées tranquilles... Tiens, Acilius ! c'est le
moment ou jamais d'amener le coup de Vénus !...

ACILIUS.

Oui !... les dés auront plus vite décidé.... (Il saisit les dés
et les jette. Pendant ce temps, sa main tient moins fermement la Gauloise.)
Par le fouet d'Alecto ! le coup du chien !...

LABÉO.

A toi, Spurius.

Spurius jette les dés. — Pendant que tous les regards sont fixés sur
eux, la Gauloise s'échappe, traverse la scène et se lance du haut des
rochers dans le précipice. — Cri général. — Tous les soldats s'élan-
cent en tumulte au bord du ravin.

LABÉO.

Pauvre Acilius ! ta belle Gauloise est partie sans te
dire adieu !... Voyez là-bas !... elle roule encore !...

Au moment où la querelle des deux soldats s'était engagée, Lutétiana a
paru à droite. Elle n'a plus le costume assez riche qu'elle portait dans
la tente de César. Elle est couverte d'une robe d'esclave, brune, déchirée en plusieurs endroits. Elle a erré lentement dans la place du Prétoire, regardant au hasard devant elle, et s'est arrêtée longtemps au
bord du ravin, les yeux fixés du côté de la bataille. Le bruit de la
querelle a attiré son attention ; elle est venue se placer à droite, auprès
de la tente de César. Elle contemple la Gauloise avec sympathie ; et
quand elle se lance dans le précipice, elle pousse un cri.

LUTÉTIANA, à demi-voix.

O ma noble sœur !... combien la misérable Lutétiana
porte envie à ton sort ! Ton âme pure et fière est reçue
en ce moment par l'assemblée des Dieux, pendant que
la mienne reste ici à ramper dans les tortures de la vie !
Les barrières de l'existence sont pour toi plus faciles
à franchir que pour moi les barrières de ce camp !
O Celtill ! pourquoi mon cœur a-t-il perdu toute énergie
depuis le jour où je t'ai vu ? Ton souvenir me rend lâche
avec la mort et m'enchaîne à une vie qui n'a plus pour
moi que d'horribles hontes !...

Elle tombe accablée au pied de la tente.

LABÉO, au bord du ravin avec tous les soldats.

Ah ! maintenant, elle est bien morte ! Ce n'est plus
qu'un débris sanglant ! elle est même assez laide à re-

garder... Vois, Acilius, à quoi tient la beauté qui t'en-
flammait tant : à un petit saut de cent pieds ! Sois philosophe ! D'ailleurs, cette chute de ton aventure est peut-
être heureuse pour toi ; le général n'aime pas qu'on
s'occupe de femmes les jours de bataille. Il les aime
autant que toi, mais il les oublie ces jours-là. Regarde sa
belle Lutétiana : depuis deux jours, elle est errante et triste
comme une ombre du noir Tartare ; elle a même essayé de
fuir et de quitter notre camp, tant elle était lasse sans
doute de rester seule ainsi, et d'être si longtemps dédai-
gnée... Cependant le général ne pense guère à rendre à sa
Gauloise le séjour du camp plus agréable.

ACILIUS.

Puisque César veut que ses vétérans fassent l'office
des Dieux Termes, obéissons. Je dors, moi ! je rêverai
peut-être que je me bats !

Il se couche, à gauche, sur des sacs de terre.

LABÉO.

Dors, c'est la victoire qui te réveillera ! Il a tonné à
notre droite ce matin, et les poulets sacrés ont dévoré
les boulettes de l'augure avec un appétit et des battements d'ailes qui annoncent un triomphe certain...

POSTHUMUS.

Ce matin, un des taureaux blancs immolés devant les
aigles avait un foie double et recourbé !...

LABÉO.

Nous serons donc vainqueurs ce soir, et nous pourrons ajouter quelques milliers de sesterces à notre pécule !... Avoir sa part du butin sans risquer sa vie, c'est
une destinée dont je ne me plains pas !...

*Il s'assied à gauche ; les légionnaires l'entourent et se groupent autour
de lui sur les fascines. De temps en temps, quand les clairons résonnent avec plus de force autour d'Alésia, l'un d'eux se lève, va un instant au bord du ravin, puis revient s'asseoir.*

ACILIUS.

Le butin !... je ne l'ai jamais gardé, moi, d'une campagne sur l'autre... Toi, Labéo, tu es de Macédoine ;
toi, Servilius, de Sicile ; vous autres, Espagnols, je
crois ; mais moi, je suis né sur l'Aventin, je suis un vrai
Romain, un soldat de l'ancien temps, comme il n'en

reste plus guère! je ne me bats pas pour devenir riche, je me bats pour donner de bons coups et pour mériter une pique blanche, des bracelets d'argent ou une couronne de chêne!... Voilà le pécule que je cherche à accroître!

LABÉO.

Je me moque des piques blanches et des couronnes! Je suis soldat de César, parce que César paie bien et qu'il me donnera bientôt, j'espère, une bonne terre en Italie!... J'ai vu jadis auprès de Mantoue un petit champ qui m'a paru bien cultivé : voilà toute mon ambition! Rien ne me semble plus doux, après avoir couru le monde en vainqueur pendant dix ans, que de vieillir paisiblement dans une maisonnette que l'on doit à son courage!..... Une demi-douzaine d'esclaves et une brune petite Campanienne, vive et rondelette, que j'irai chercher à Capoue; voilà tout ce qu'il me faut!... C'est là ce que Sylla a donné à ses vétérans, et César sera au moins aussi généreux que Sylla!...

SERVILIUS.

Je ne lui demanderai pas de terres, moi, je veux de l'argent! J'ai tant de dettes à Rome que je ne n'ose plus y rentrer. Chaque fois que je tue un de ces riches Gaulois couverts de colliers d'or, je me dis : Bon, voilà un créancier de moins! Je fais la guerre uniquement par esprit d'ordre, pour mettre mes livres de compte en règle, comme doit le faire un bon Romain. Mon épée vole dans la bataille, parce que j'y ai attaché les ailes de Mercure... Aussi il y a une guerre que je préférerais à celle-ci : c'est la guerre dans Rome... Par un bienfait de la fortune, tous mes créanciers sont Pompéiens; je pourrais me battre pour César et pour ma caisse! Quelle aubaine! Avec quelle joie je tirerais l'épée libératrice!...

LABÉO.

Si nous nous battons quelque jour contre les Pompéiens, la lutte sera acharnée; les Pompéiens sont nombreux...

SERVILIUS.

Tant mieux! les fortunes à partager seront plus belles. Je n'aurai plus de campagnes à faire!... je le dis franchement : je n'ai pris le métier de soldat que bien malgré moi, et j'aspire au jour béni où je redeviendrai citadin et bourgeois comme autrefois. Dès que nous aurons triom-

phé et reçu notre part, je m'établis à Rome, et en vrai
citoyen, je ne fais plus rien. Avec l'argent que nous donnera César, le revenu de mon droit de suffrage me suffira. Il y a une ou deux élections par mois : je serai
bien malheureux si, bon an, mal an, je ne tire pas de
mon vote, bien placé, vingt ou trente mille sesterces.
C'est assez pour mes plaisirs ; quant à mes repas, la
sportule y pourvoira amplement les jours ordinaires...

ACILIUS.

J'aimerais mieux être esclave que de croupir dans les
baillements d'une vie aussi monotone !

SERVILIUS.

Monotone ! oh ! mon brave soldat, tu n'as vécu que
dans les camps et tu ne connais pas Rome ! Un bon électeur prend la cuirasse aussi souvent qu'un légionnaire.
On se bat peut-être plus à Rome qu'en campagne... Je
le sais mieux que personne, car j'ai toujours eu du goût
pour la vie politique. Jusqu'à mon départ pour la Gaule,
je n'ai manqué aucune séance des comices, et je n'ai pas
vu de semaines où l'on ne cassât au moins quelques bancs
ou quelques barrières au Forum. Que de fois j'ai brisé
et brûlé le tribunal du préteur !... C'était là ma spécia-
lité ; grâce à moi, il était toujours neuf !... Et du temps
de Catilina, quand nous avons mis le feu à la maison de
Cicéron, quelle soirée délicieuse ! Et quelle aventure !...
J'étais arrivé un peu tard ; tout était déjà pillé ; je ne
trouve qu'une petite Minerve grecque en or ; j'étais tout
honteux !... Pour ne pas revenir chez moi les mains vides, j'entre dans une bibliothèque, et, faute de mieux,
je remplis ma toge des volumes les plus richement or-
nés. Le lendemain, je vais sous les Portiques offrir mes
bouquins à un libraire de mes amis. Par Pollux ! quelle
joie sur le visage de mon homme en fouillant mon pa-
quet !... Il paraît que, sans m'en douter, j'avais eu la
main heureuse ! j'avais des trésors ! que sais-je ? des
traités d'Aristote, de Platon, de Cicéron lui-même, des
dialogues inédits ! Enfin, mes bouquins m'ont rapporté
plus que des vases murrhins !... Aussi, depuis cette soirée, je ne suis plus de ces vieux Romains qui prétendent
que la philosophie grecque ne sert à rien. Elle a du bon.
Elle a beaucoup de bon !...

Le jeune POSTHUMUS.

Mais quand Cicéron est revenu d'exil, quelques mois plus tard, rappelé par le Sénat?...

SERVILIUS.

Eh bien! quand il est revenu, on lui a fait une fête magnifique; son cortége triomphal passait sous mes fenêtres; vous pensez bien que je ne lui ai pas ménagé les guirlandes de lauriers; j'en ai tapissé toute ma maison, avec son chiffre!... ma façade était plus ornée et plus verdoyante que celle du Roi des sacrifices; franchement, je lui devais bien cela!...

POSTHUMUS.

Mais ses livres, ses richesses?... il a fallu les rendre!...

SERVILIUS.

Cicéron avait trop d'esprit pour les faire chercher. Si un berger ne peut pas tuer un lion, il ne va pas lui redemander les moutons qu'il a dévorés. D'ailleurs, lorsque nous avons pillé sa maison, il était coupable, puisqu'il avait fui. Tout le monde à Rome l'appelait traître...

POSTHUMUS.

Pourquoi?

SERVILIUS.

Je n'en sais, à dire vrai, rien du tout. Au fond, je n'ai jamais rien compris à toutes ces discussions du Sénat et de Clodius, de Pompée, de Cicéron, de Lentulus, de César et de tant d'autres qui remplissent les journaux de leurs discours et de leurs proclamations... Chercher à deviner pourquoi ils se querellent, c'est vouloir déchiffrer le chant des Saliens... Il faudrait chaque matin lire tous les pamphlets que les crieurs promènent sans cesse à travers les rues de Rome; et, ma foi, j'aime mieux aller aux Thermes prendre un bon bain, ou au Champ de Mars jouer à la paume devant les belles promeneuses!...

POSTHUMUS.

Comment donc faisais-tu pour te mêler à toutes les affaires publiques?...

SERVILIUS.

Il n'y a pas du tout besoin de comprendre!... C'est bien

simple ; on a un chef, on fait ce qu'il commande. Par exemple, quand nous serons revenus à Rome, je crois bien que César et le Sénat ne seront pas d'accord. Ces vieux barbons sont tous jaloux de lui ; il leur vole non-seulement leurs provinces, mais leurs femmes ; ils prétendent aussi qu'il a plus d'esprit qu'on en avait dans l'ancien temps, que c'est contraire aux lois, immoral... que sais-je ?... enfin, ils l'exècrent. Nous, vétérans de César, nous sommes naturellement de son parti, puisque c'est lui qui nous paie. Si César ou un de ses amis vient à nous et nous dit : « Il faut qu'il y ait demain du tumulte au Forum, le bien de la République l'exige ; » nous n'avons à nous occuper que d'une chose : obéir exactement et faire du tumulte. C'est bien simple. On nous dit : « Vous sifflerez quand le consul parlera ; » nous sifflons ; « Vous applaudirez dès que les tribuns ouvriront la bouche ; » nous applaudissons. La politique n'est pas plus difficile que cela, il n'y a pas besoin d'être un Caton.

POSTHUMUS.

Ah çà ! quel est donc ce fameux Caton dont vous parlez tous sans cesse ?

SERVILIUS.

Figure-toi, jeune homme, une espèce de vieux paysan maigre, petit, noir, tout hérissé, mal peigné, mal rasé, qui est toujours en colère et qui crie contre tout à tort et à travers ; voilà Caton. C'est un être bizarre qui déteste faire comme tout le monde, qui ne parle que de vertu et de simplicité ; en un mot, c'est un original... Mauvais plaisant qui, par exemple, viendra se promener au Forum, lui sénateur, sans brodequins et sans toge, pour montrer de quelle façon on s'habillait il y a deux cents ans, comme si cela nous intéressait. Ou bien, les jours de fête nationale, s'il est édile, au lieu de distribuer aux citoyens des faisans et du Falerne, il s'amuse à leur faire donner de la salade et des raves, toujours en l'honneur des vieilles mœurs. Au Sénat, on tolère ses discours, parce qu'il est très riche et de bonne famille ; mais de temps en temps, quand il impatiente trop, on le met à la porte. César l'a même envoyé en prison, et il a bien fait ! Ah ! que j'ai ri, un jour, en le voyant se battre au Forum avec le consul Métellus ! Ils étaient tous deux en haut de l'escalier du temple des Dioscures ; tu sais, Labéo, à droite, derrière

la statue de Trémulus. Métellus commence à lire au
peuple une loi que nous avions reçu l'ordre d'approuver,
et qui était bonne, par conséquent. Caton, à qui la loi
ne plaisait pas, se jette sur lui et lui arrache ses tablettes. Métellus, par précaution, avait appris sa loi par
cœur; il la récite; le vieil entêté alors enjoint à un tribun de mettre la main sur la bouche du consul. Le peuple
avait commencé par rire, il finit par se fâcher contre le
bonhomme; on lui jeta des pierres, et il en reçut une à
la tête qui lui fit faire une grimace du bon vieux temps.
Il était plus laid qu'une statue du roi Numa. Pour le
distraire de sa meurtrissure à l'œil, un de mes amis
lui appliqua sur la nuque un bon coup de bâton, dont il
a dû longtemps garder la marque. Jamais je ne me suis
tant amusé, sauf peut-être le jour où le brave consul
Bibulus a été adroitement coiffé sur la tribune d'un
immense panier d'ordures... Ah! ce n'est pas la seule
fois que nous ayons forcé Caton à faire connaissance
avec les pierres du Forum, qu'il a tort de ne pas aimer,
puisqu'elles sont évidemment du bon vieux temps... Ne
s'est-il pas imaginé un jour de vouloir empêcher les électeurs de recevoir des cadeaux des candidats?

LABÉO.

Ah! c'était une singulière idée, en effet. Il faut qu'il
soit fou... je crois que cet homme finira mal!...

SERVILIUS, naïvement.

Si on ne vend pas son vote, à quoi sert-il d'être citoyen?

LABÉO.

C'est évident.

SERVILIUS.

Pourquoi le titre de citoyen romain est-il si glorieux,
si recherché, si précieux, sinon parce que ce titre seul
est une richesse, une mine inépuisable?

POSTHUMUS.

Cela tombe sous le sens. Vous avez dû prouver bien
facilement au parti de Caton une vérité aussi claire?

SERVILIUS.

Nous l'avons prouvée à coups de pierres, comme on
prouve maintenant à Rome toutes les vérités politiques!...

Nous avons d'ailleurs été bien vite vainqueurs; nous avions Rome entière avec nous! C'est là encore un des beaux souvenirs de ma carrière politique : ce jour-là, j'ai brûlé un temple !...

POSTHUMUS.

Ah! honnête Servilius, tu me donnes envie de m'occuper des affaires de l'Etat. Dès que la campagne sera finie, je ferai comme toi, je me fixerai à Rome.

SERVILIUS.

Viens, mon camarade !... tu es jeune, mais on ne saurait commencer trop tôt un aussi bon métier, où l'on a si peu de mal et tant de profits !... Je te mettrai bien vite au courant. Une semaine sous les Portiques et chez les barbiers du Forum suffit à faire une éducation complète. Tu es vigoureux, c'est le principal ; seulement, je n'ai qu'une crainte, c'est que le beau temps du Forum ne soit passé. Quand César sera là-bas, s'il est dictateur, comme Sylla, il ne voudra plus de tapage ; il l'aimait autrefois, quand il était jeune, mais c'est un goût qui passe quand on est le maître.

POSTHUMUS.

Est-il donc vrai qu'on le fera roi à son retour?

SERVILIUS.

Qui sait ce qui se passera dans un an à Rome, où l'on ne peut jamais prévoir le lendemain? Mais roi, consul ou général, ce qui est certain, c'est qu'il sera le maître, car il l'a dit lui-même : il préférerait être le premier dans un village des Gaules que le second dans Rome, et c'est tant mieux pour nous !... Nous sommes ses légionnaires, ses vétérans ; soutenons-le toujours et partout, et notre fortune est faite !

ACILIUS, se levant.

Allez donc tous à Rome !... semblables aux changeurs en plein vent, que l'on voit, dans les carrefours, manier sur une planchette pourrie des piles noirâtres d'as et de deniers, tournez sans cesse dans vos doigts avides vos sales bulletins de vote! Pour moi, je resterai toute ma vie dans les camps, où ma main ne touche que du fer toujours brillant, car il est toujours en action !... Voilà soixante ans que je porte la cuirasse, et plus je

vieillis, plus elle me semble légère !... Ma vie a toujours
été la même : la bataille en été, le pillage en automne,
la bombance en hiver !... Quand le soleil brille, c'est
l'heure des cris de joie du vainqueur, des cris d'agonie
du mourant; (Il tire son épée et la brandit.) on plonge dans le
cœur de l'ennemi la blanche lame de son épée et on la
retire toute frissonnante sous ses frais dessins de pourpre,
toute resplendissante de rubis vivants qui étincellent au
soleil !... La mort met sa faux dans notre main et nous
dit de faucher pour elle, et nous fauchons tout le jour
pour lui faire un chemin... La pointe de notre javelot
brûle tout devant elle, comme la pointe de la flamme !...
(Avec enthousiasme.) Mais entendez-vous le clairon?... l'ennemi a reculé ! les portes de la ville sont ouvertes !...
elle est à nous, avec ses temples gorgés d'offrandes,
avec ses dieux, avec ses femmes ! (Joyeux et rentrant son
épée au fourreau.) Soldats ! lavez vos blessures et parfumez-
vous : aux plus braves les plus belles, et aimez jusqu'à
la saison prochaine !... que les mêlées amoureuses suc-
cèdent aux mêlées guerrières !... — Non ! Labéo ! ne me
parle pas de Rome et du Forum ; j'ai déjà fait trois ou
quatre fois le tour du monde, et je ne suis pas las de
ma marche ; je veux aller jusqu'aux montagnes de dia-
mant qui entourent la terre, et dont nous avons vu en
Bretagne le pied couvert de perles !... C'est sur un champ
de bataille que je serai enterré; mes mânes, en errant
autour de ma tombe, aimeront à respirer l'odeur du
sang que la terre aura bu. J'ai entendu toute ma vie le
noble tumulte de la guerre, j'ai savouré l'harmonie sauvage des grandes batailles de notre siècle, je n'irai pas
forcer ma vieillesse à s'endormir platement au Forum,
bercée par les bavardages nasillards d'avocats poltrons !...

LABÉO.

Il est vrai, Servilius, qu'il y a trop d'avocats au Forum
et au Sénat... puisque Rome doit sa grandeur à la guerre,
son Sénat ne devrait être composé que de soldats ! Nous
avons rendu plus de services à la République que ces
vieux jugeurs de procès qui passent leur vie à causer
au frais dans leur atrium, ou à traîner leurs brodequins
noirs dans les basiliques ! on les couvre de pourpre, pendant que nous nous couvrons de sang, la seule pourpre
que le soldat ait jamais l'espoir de porter !... Pourquoi
César ne nomme-t-il pas tous ses vétérans sénateurs?...

SERVILIUS.

Je crois que César le voudrait bien, mais il n'ose pas!...

ACILIUS.

César ne pas oser!!... Nous oserons pour lui!... Pourquoi, d'ailleurs, recevoir toujours des ordres de cette ville? Pourquoi ne faisons-nous pas de nos camps la capitale de la République?

Le jeune POSTHUMUS.

Les oracles de Jupiter Capitolin le défendent!...

ACILIUS.

Que viens-tu nous parler de ton Jupiter Capitolin? Est-ce que tu es Flamine? est-ce que tu vis de la viande des sacrifices? Non, n'est-ce pas? Eh bien! alors, fais comme le Flamine, crois au Dieu qui te nourrit, et ton Dieu sera ton épée! (Frappant sur le fourreau de son épée.) Voilà ma divinité et mon autel!...

LABÉO.

C'est le nôtre à tous!... nous l'arrosons de sang comme le prêtre arrose le sien; et comme lui, plus nous sacrifions de victimes, plus nous sommes riches! Vous voyez cet anneau d'or: il était hier au doigt d'un cavalier gaulois; j'ai pieusement sacrifié le barbare sur mon autel de fer, et me voilà récompensé de ma ferveur! Il n'y a pas dans toute la République un autel plus souvent honoré d'hécatombes que celui que je porte au côté. Jeune Posthumus, ne sois pas crédule comme un Juif. Quand je croyais aux Dieux, il me semblait toujours sentir là-haut un œil qui me regardait; depuis que je l'ai crevé d'un coup de javeline, je me sens tout joyeux, je suis débarrassé d'un témoin curieux qui me gênait partout; je suis maître de mes actions et fais ce que je veux. Laisse donc, jeune homme, l'Olympe à ta grand'mère; ne regarde le ciel que quand tu vides le fond de ta coupe, et crois à ton épée!... le Dieu que nous pouvons tenir dans notre main nerveuse est celui qui nous protége le mieux! c'est là le Dieu de César, et c'est à ce Dieu qu'il devra la conquête du monde!...

SCÈNE IV.

SULPICIUS. Il est entré en amenant deux prisonniers blessés ; il les a donnés à des soldats pour qu'on les enchaîne, et il s'écrie avec joie :

En commençant par la conquête de la Gaule ! Vive César ! camarades, vive César toujours vainqueur !...

TOUS, l'entourant.

Vainqueur !... nous apportes-tu la victoire ?

SULPICIUS.

Elle me suit, car César vient !... Je l'ai laissé au pied des rochers. Camarades, le troisième jour de la lutte va voir enfin notre triomphe ! on se bat encore, mais la journée est décidée et elle est à nous ! (Les amenant au bord du ravin.) Distinguez-vous là-bas cette masse noire, c'est la cavalerie germaine qui sabre les débris entêtés de la bande armoricaine ; et plus loin, ce nuage énorme de poussière blanche où scintillent des casques ?... c'est la cavalerie gauloise rompue, dispersée, qui fuit au hasard... et là-haut, voilà les enseignes de nos légions qui flottent auprès des remparts d'Alésia.

LUTÉTIANA. Elle s'est relevée à l'arrivée de Sulpicius et l'a écouté ; elle retombe sur ses genoux en sanglotant.

O Dieux du ciel ! quelle faute inconnue a donc commise la Gaule, pour que vous l'écrasiez ainsi sous votre colère !...

LABÉO, au bord du ravin.

Oui, voilà nos aigles au sommet des rochers ! Quand donc flotteront-elles sur la citadelle elle-même !...

SULPICIUS.

Elles y flotteraient sans leur audacieux Vercingétorix. C'est lui qui, comme toujours, a retardé notre victoire ; il a fait une sortie terrible, a brisé nos remparts, et franchi nos fossés !...

LABÉO.

C'est impossible ! comment serait-il passé sur les pieux aigus qui en remplissent le fond ?

SULPICIUS.

Ils se sont jetés sur ces pieux et se sont laissés percer,

7

entasser, jusqu'à ce que les fossés fussent à moitié comblés de leurs cadavres. Celtill a osé traverser ce pontmouvant qui se tordait en criant, mais qui ne se redressait pas... Ils sont arrivés sur nos légions comme un troupeau de taureaux furieux; pas plus que vous je ne sais alors ce qui s'est passé... Pendant une heure, nous nous sommes battus dans un nuage horrible d'où sortaient des bruits confus; nous croyions voir parfois comme deux torrents de sang qui se brisaient l'un contre l'autre avec un fracas épouvantable, en lançant vers le ciel une fumée rougeâtre qui changeait la lumière du jour en une nuit infernale; les cris d'agonie que poussaient les blessés et les mourants nous rendaient sourds, la poussière nous aveuglait, mais la vapeur brûlante qui nous entourait nous enivrait jusqu'au délire; je ne pourrais dire ce que j'ai fait, sinon que j'ai tué sans relâche, sans cesse, sans repos... je sentais de temps en temps sur ma main, sur mon front, une humidité chaude; c'était du sang qui coulait... Le mien? celui de l'ennemi? je ne sais; je ne sentais ni les blessures que je faisais, ni celles que je recevais. J'allais toujours en avant, obéissant à l'ordre du clairon qui retentissait sans cesse à nos oreilles; c'était la seule voix que j'écoutasse, et je ne me suis arrêté que lorsque j'ai entendu ses accents répétés me dire que nous étions vainqueurs... La joie du triomphe a dissipé mon ivresse, mon bras s'est arrêté pour la première fois: j'ai cherché à distinguer où j'étais; tout surpris, je me suis trouvé en haut de la colline : j'étais en bas au commencement de l'action!... Je ne sais ni comment ni quand j'y ai été porté; j'ai fait, je crois, deux milles sans toucher terre; notre divin César nous avait donné à tous les ailes de la victoire!...

TOUS.

Vive César!... Vive César!

LABÉO.

Soldats, ornez le tribunal avec ces armes et ces aigles; quant à nous, camarades, courons au devant de notre général, et soyons les premiers à le saluer Impérator!

Tous les légionnaires quittent la place du prétoire en criant : Vive César!

SCÈNE V.

LUTÉTIANA. Elle est accablée; elle s'est avancée peu à peu vers Sulpicius,
et lui dit d'une voix suppliante :

Soldat! voudras-tu écouter un instant la prière d'une esclave?

SULPICIUS, revenant.

Quand une esclave est belle, on l'écoute toujours, surtout quand elle est parmi celles que César préfère! N'es-tu pas Lutétiana?

LUTÉTIANA.

Oui..., dis-moi, tous les chefs gaulois sont-ils tués?...

SULPICIUS.

Bien peu nous ont échappé.

LUTÉTIANA.

Mais lesquels?

SULPICIUS.

Pourquoi ces questions? as-tu donc parmi eux ton père?

LUTÉTIANA.

Non, il est mort, les Romains l'ont tué!

SULPICIUS.

Un frère, ou peut-être... (Souriant.)

LUTÉTIANA.

Non, non.... je ne connais aucun de ces Gaulois.... mais je suis femme.... toute femme est curieuse.... Dis-moi, ce fameux Celtill, ce jeune chef dont tu parlais tout à l'heure?

SULPICIUS.

Eh bien?...

LUTÉTIANA.

L'avez-vous... l'avez-vous tué?

SULPICIUS.

Non, hélas! il vit encore...

LUTÉTIANA, à part, avec bonheur.

Il vit! Ah! mon cœur, voilà pourquoi tu bats encore !

SULPICIUS.

Il a pu rentrer dans Alésia pour un instant avec une poignée de soldats... mais il n'est pas moins perdu !

LUTÉTIANA.

Perdu?... Pourquoi?...

SULPICIUS.

Rien ne peut sauver Alésia. L'idée même de la résistance est impossible....

LUTÉTIANA.

Celtill alors...

SULPICIUS.

Sera tué ou pris...

LUTÉTIANA.

Et s'il est pris...

SULPICIUS.

Il mourra dans les supplices.

LUTÉTIANA.

Mourir! mourir dans les supplices ! lui, Celtill, comme un vil esclave!... lui, le chef suprême de toutes les Gaules! Non, tu te trompes... les Romains ne sont pas cruels à ce point...

SULPICIUS.

Ils sont prudents... Son titre ne rend sa mort que plus certaine; mais il aura pour lui l'avantage de la retarder un peu, car César l'emmènera évidemment à Rome pour orner son triomphe et montrer au peuple, la couronne sur la tête et les fers aux pieds, le Vercingétorix gaulois...

LUTÉTIANA, dominant sa terreur.

César emmènera Celtill en Italie?.... Qui l'y conduira ?...

SULPICIUS.

Lui-même!... Quand on a de pareils captifs, on n'en confie la garde à personne. Pendant la traversée des

Alpes, plus d'un prisonnier nous a souvent échappé. Une légion entière, sous les ordres de César, le surveillera.

LUTÉTIANA.

Et tu appartiens à cette légion?

SULPICIUS.

Oui, j'ai cet honneur, et en me le demandant, tu me rappelles à mon devoir. Je devrais être à mon rang et acclamer mon général, au lieu de satisfaire aux questions sans fin de sa belle esclave. Adieu. Si tu es curieuse de connaître le visage de l'illustre Celtill, bientôt tu le verras, mort ou vivant.

Il sort.

SCÈNE VI.

LUTÉTIANA.

Mort ou vivant!... Non, vivant!... O mon Celtill, si les Dieux t'ont montré à moi dans une vision merveilleuse, c'est parce qu'ils veulent un jour nous unir! C'est pour te défendre qu'ils ont envoyé dans le camp de César la vierge de Lutèce... Oui! nous sommes époux désormais, ô mon bien-aimé! Nos Dieux eux-mêmes ont mis ta main dans la mienne! J'ai des droits sacrés sur ta vie, et je t'arracherai des mains sanglantes de ton ennemi. Je suis seule, mais qu'importe!... Dussé-je accomplir mes desseins sans secours, sans appui: non, Celtill, je te le jure, le fer romain ne touchera pas ta blonde chevelure!... J'ai le Ciel avec moi, je n'ai pas besoin des hommes! Tes lâches Gaulois se sont enfuis comme de vils troupeaux; mais moi, je reste ici, et tu ne périras pas, ou le même fer nous percera!... César, prends garde à toi! tu as vaincu l'armée gauloise, mais tu n'as pas vaincu Lutétiana! Elle t'a vu en vain à ses genoux et a su te repousser; c'est ainsi qu'elle te vaincra encore... La force des guerriers a échoué, c'est à la faiblesse d'une femme de lutter et de triompher! Apprends à dissimuler, ô mon cœur! Sur le secret de mort que tu gardes, repose le salut de tout ce qui t'est cher! Sous ce front, César, que tu voulais profaner de tes baisers, se cachent des pensées funestes que ton regard ne percera pas!

J'accepte maintenant mon esclavage avec joie, pour m'armer de mes chaînes contre ton épée. (On entend s'approcher des clairons.) Viens, ô triomphateur! je ne redoute plus ta victoire... Dans mon abaissement, je suis plus forte que toi dans ta toute-puissance! J'étais insensée de vouloir lever contre toi ma main débile! J'ai trouvé une arme qui convient à mon sexe. Tu n'as contre Celtill que la violence; moi, pour le défendre, j'ai la ruse... je ne te crains pas!...

SCÈNE VII.

Pendant les dernières paroles de Lutétiana, les fanfares se sont rapprochées. Lutétiana se cache derrière un des plis de la tente. CÉSAR entre à cheval, précédé de clairons, entouré d'une foule d'officiers et de soldats qui poussent des acclamations. Il descend de cheval, monte à son tribunal, prend une lettre ornée de lauriers qu'un esclave lui apporte, appose sur elle son cachet et la remet à deux tribuns militaires en disant :

CÉSAR.

Partez immédiatement et remettez entre les mains des consuls ces lettres triomphales. Il y a trois jours déjà que j'y avais tracé notre victoire. Avant de m'armer pour la bataille, j'avais écrit: « Je viens d'anéantir la Gaule. » Elle est anéantie. Annoncez donc au peuple romain que la République, à partir de ce jour, compte une province nouvelle. La Gaule est romaine. Le Dieu Terme, honoré jusqu'à moi aux pieds des Alpes, a fait un de ces pas comme seuls peuvent en faire les Dieux: il est debout maintenant sur les rivages de la mer du Nord, et des autels nouveaux où il recevra notre culte, il apercevra les limites du monde.... Annoncez ces bienfaits des Dieux aux magistrats de Rome, et dites-leur de veiller tranquillement sur le salut de la République pendant que César conquiert pour elle des nations entières, et force à reconnaître sa souveraineté des peuples dont le nom même ne lui était pas connu.

Les tribuns s'inclinent et quittent rapidement le prétoire.

CÉSAR, se tournant vers ses soldats.

Camarades, c'est à votre courage que sont dus ces miracles!... Je vous louerai d'un mot: vous avez combattu en vrais Romains. Je suis plus fier d'être votre général que d'être vainqueur. Désormais, l'univers saura

que la légion romaine est irrésistible. Le triomphe d'Alésia étonnera l'histoire. Vous avez effacé Verceil !...
Enfermés étroitement entre une citadelle imprenable et une armée de trois cent mille hommes, vous avez écrasé l'une et renversé l'autre, car Alésia est à nous !... Ses portes restent encore orgueilleusement fermées.... Cette insolence nous donnera le droit d'être impitoyables : la poignée de Gaulois réfugiée dans ses murs n'a plus qu'une nuit à vivre. Reposez-vous en rendant religieusement aux morts les honneurs funèbres que leurs mânes attendent. Demain, au point du jour, je me mettrai de nouveau à votre tête, et avant que le soleil n'ait atteint le milieu de sa course, vous verrez enfin, chargé des chaînes qu'il n'aurait pas dû quitter, ce Vercingétorix obstiné qui a eu l'audace d'espérer un triomphe sur les armes romaines !... Sans cesse, depuis un an, il nous a échappé en fuyant, mais aujourd'hui, il s'est emprisonné lui-même dans sa forteresse, et il n'en sortira que pour être conduit par vous à Rome, où il expiera ses crimes !...

Entre un CENTURION.

Général, un cavalier gaulois a quitté Alésia ; il est accouru au galop aux portes du camp et en a demandé l'entrée... On la lui a accordée, nous l'amenons devant ton tribunal ; le voici !

SCÈNE VIII.

Entre CELTILL à cheval. Il s'arrête devant le tribunal et jette toutes ses armes aux pieds de César. Celui-ci reste immobile à le contempler avec une admiration qui, peu à peu, se transforme volontairement en colère menaçante. Après un instant de silence, Celtill prend péniblement la parole.

CELTILL.

César ! c'est moi seul, tu le sais, qui ai réuni devant Alésia toutes les armées de la Gaule pour un dernier combat. Je le dis en présence des Dieux qui nous contemplent : sans moi, jamais tu n'aurais eu à lutter contre trois cents tribus ; sans moi, tu n'aurais pas combattu trois jours pour acheter aussi chèrement ta dernière victoire ; sans moi tes légions n'auraient pas semé partout de leurs morts ces plaines et ces rochers ! Puisque seul j'ai été l'âme de la guerre, seul je dois recevoir le châtiment que tu réserves dans ton cœur à ceux que tu appelles des révoltés!... Sur cet autel de cadavres, sacrifie une suprême victime et laisse ton épée se sécher! Je t'apporte vivante la tête maudite qui a conçu le projet criminel de délivrer sa patrie; abats cette tête, c'est la tête de la Gaule elle-même qui tombera. J'aurais pu m'é-chapper, je pourrais être déjà caché au fond de mes montagnes, dans des retraites que jamais un Romain ne découvrira : je suis venu me livrer de mon plein gré... En échange du chef que tu considères justement comme ton ennemi le plus redoutable, je ne te demande qu'une grâce, je pourrais dire une justice : la vie des Gaulois enfermés dans Alésia, la vie de ma tribu arverne!... Je suis entre tes mains : épuise contre moi les droits de la vengeance ; fais-moi souffrir dans chaque lam-beau de ma chair, comme j'ai déjà souffert dans chaque souffle de mon âme; et quand j'aurai seul expiré dans les tortures, épargne les frères innocents que j'ai en-traînés malgré eux sur mes pas : ils ne sont coupables que d'obéissance... Tu les as vaincus, mais je suis sûr que tu as admiré leur courage aussi intrépide que le vôtre; par malheur, non moins irréfléchi qu'il est sublime!..; Sois aussi généreux dans ton triomphe qu'ils ont été loyaux dans le combat, et sur ce champ de bataille où tu as été victorieux, où tu m'auras immolé, élève un temple à la Clémence !...

CÉSAR.

La tête du serpent est écrasée, et tu viens nous faire entendre son dernier sifflement!.... Silence! perfide transfuge, trève de conseils! C'est déjà trop de clémence de t'avoir laissé prononcer une parole dans ce camp où tu avais juré de rester prisonnier et dont tu as fui traî-treusement... Tu méritais de recevoir la mort en nais-sant, car tu es né d'un sang perfide ; la magnanimité de Rome t'avait fait présent de la vie, ma bonté t'avait com-blé de bienfaits; mais j'avais nourri dans mon sein un reptile venimeux... Tu cherchais avec passion la gloire; tu l'as trouvée : ton père n'a été brûlé que dans un obs-cur village des Gaules ; toi, tu seras étranglé dans la ca-pitale du monde... Un bourreau romain mettra à ton cou le bandeau royal, les licteurs orneront les poignets du prince des Gaules des bracelets dont il est digne... tu ne mourras pas avant d'avoir savouré toutes les hontes... Soldats! cet homme prétendait se faire roi des Gaules... La République romaine, invoquée par les tribus gauloises, est par bonheur accourue au secours de la liberté menacée ; nos légions ont écrasé les armées que l'ambitieux avait soudoyées, et la Gaule doit au Sénat et au peuple romain d'avoir échappé pour toujours à la tyrannie !...

LES SOLDATS.

Vive César ! Vive la liberté !...

CELTILL.

Je ne répondrai rien à cet habile discours que tu prononces pour tes soldats et non pour moi !... Tu es mon vainqueur, tu as tous les droits, même celui de m'insulter par le mensonge... mais je n'aurais pas cru que César userait de ce droit. Je me suis trompé, j'ai eu tort, et je le vois, désormais j'aurai toujours tort, je suis vaincu !...

CÉSAR.

Oui, tu es vaincu, et ton ancêtre Brennus a dit jadis une parole que je répète aujourd'hui à mon tour pour l'effacer de notre histoire en l'inscrivant dans la tienne : Malheur aux vaincus !

CELTILL.

Rien ne s'efface, César ! et l'outrage que tu me prodigues en ce moment ne s'effacera pas plus que l'outrage de Brennus ; tu expieras un jour ta dureté comme il expia la sienne. Brennus a dit : Malheur aux vaincus ! Moi je dis : Malheur aux vainqueurs !

CÉSAR.

C'est trop écouter un misérable barbare ! Licteurs, il vous appartient... Qu'il soit enchaîné et gardé près de ma tente, vous me répondez de lui sur votre vie... (Les licteurs s'emparent de Celtill et l'enchaînent.) Quant à nous, camarades, entrons dès aujourd'hui dans Alésia ! Allons dans sa citadelle remercier les Dieux du triomphe de la République ! Sur les autels impurs des Druides, faisons couler le sang purificateur des victimes romaines ! Offrons un sacrifice solennel à Hercule, mon protecteur, qui a fondé Alésia pour qu'elle servît à l'accroissement de nos gloires !... Conduites par vous, les aigles de la République se sont élevées jusqu'aux cîmes de ces rochers ; elles n'en descendront plus !... Dressons notre trophée sur le plus haut sommet de leurs tours, et que le légionnaire qui a mérité aujourd'hui le prix de la valeur y mette le feu avec la torche sacrée que nous avons, en partant de Rome, allumée à l'éternel foyer de Vesta ! Cette flamme immense, qui jaillit des autels de la République, resplendira sur l'horizon gaulois comme un drapeau céleste annonçant à la Gaule ses destinées nouvelles !... Nous lui rendons la liberté en lui faisant partager la nôtre... A partir de ce jour, les lois romaines s'étendent des Alpes à l'Armorique, des Pyrénées aux bords du Rhin !... En marche, camarades, en marche pour Alésia ! le bélier a touché ses murailles, ses trésors vous appartiennent !...

LES SOLDATS.

Vive César ! Vive notre général, Impérator et consul !

César remonte à cheval aux sons des clairons et disparaît entouré de l'armée. Celtill est enchaîné. LUTETIANA s'approche lentement de lui, lui touche la main, en disant à demi-voix :

Ne crains rien, Celtill !... je veille sur toi !... Obéis et espère !

CELTILL, fixant sur Lutétiana un long regard étonné.

Quelle est cette femme ?...

La toile tombe.

ACTE TROISIÈME

LA VEILLE DU TRIOMPHE

Rome. La prison Mamertine, sous le Capitole. — La scène représente une salle basse sur laquelle ouvrent de nombreuses portes de cachots. Au pied du mur de gauche, trappe servant d'ouverture à un escalier qui descend dans d'autres cachots placés sous terre. Au fond, à droite et à gauche, portes fermées par de lourdes barres de fer. Le mur du fond est percé dans sa largeur d'une étroite fenêtre oblongue garnie d'épais barreaux. Par cette fenêtre, passent quelques rayons de soleil qui vont éclairer une partie du mur de gauche. Pendant la durée de l'acte, cette partie éclairée diminue peu à peu ; elle a tout à fait disparu à la fin de la scène VI. — Malgré ce rayon de soleil, la salle est assez obscure.

SCÈNE Ire

Au lever du rideau, BIORIX, l'ancien marchand de la tribu des Rèmes, devenu geôlier à Rome, entre par la gauche, tenant Lutétiana par la main. Il la conduit rapidement à une porte à droite, l'ouvre et lui dit :

BIORIX.

Ici... attends dans ce cachot... et pas un mot jusqu'à ce que je t'appelle, ou nous sommes morts tous deux...

Lutétiana met des bijoux dans la main de Biorix, qui referme la porte. Au même moment, par une porte latérale, une troupe de prisonniers chargés de chaînes, parmi lesquels se trouve Celtill, commençait à entrer. Devant eux marchait LYDUS, second geôlier de la prison. Il a aperçu Lutétiana, et il dit à part :

LYDUS.

Ah ! mon Gaulois ! nous allons compter tous deux ! (Puis il se tourne vers les prisonniers, et levant son fouet :) Allons ! plus vite !... vous avez assez respiré pour aujourd'hui ! Rentrez dans vos cellules ; au-dessous du Tibre l'air est plus frais... il y fait un peu sombre, mais le soleil de Rome vous fanerait le visage, et pour paraître demain au triomphe de César, il faut être paré de tous vos avantages et faire honneur à votre vainqueur ! Songez que vous êtes un des décors de la fête, tâchez de ne pas la gâter... (Feignant d'apercevoir Biorix pour la première fois.) Tiens ! camarade, te voilà donc revenu ! Eh bien ! que fais-tu là ? Est-ce pour examiner les barreaux de la fenêtre que tu es entré ici comme geôlier ? Pendant que je promenais dans la cour de la prison ce bétail insipide, où donc étais-tu ?

BIORIX, un peu troublé.

J'étais... dehors...

LYDUS.

Et d'où viens-tu si majestueusement ?

BIORIX.

Je suis allé au cirque voir les gladiateurs gaulois d'Aulus Aufidius.

LYDUS.

C'est parfait !... on m'a donné un collègue charmant !

Le seigneur Biorix se promène, va voir les fêtes que lui donne César, et pour remplir ses devoirs nouveaux de citoyen romain, assiste scrupuleusement à tous les spectacles; pendant que mon camarade jouit des plaisirs de Rome, moi, je surveille les prisonniers... il est vrai qu'il revient ici au bon moment, quand il n'y a plus rien à faire, quand je ramène la dernière cellule...

BIORIX.

Allons! camarade, ne te fâche pas! Puisque c'est demain le jour du triomphe, demain nous serons libres tous deux; le soir, on étranglera tous ces prisonniers, nous n'aurons donc plus à les garder...

LYDUS.

Il en viendra d'autres! Est-ce que les prisons sont jamais vides... surtout avec César qui ne sait pas faire place nette! Depuis dix ans, il nous envoie des captifs de toutes les contrées du monde ; il a commencé par les gens de ton pays, par les Gaulois... puis sont venus les Espagnols, les Égyptiens, les Asiatiques, sans compter les sénateurs et les chevaliers romains!... Que sais-je, nous avons ici un abrégé de l'univers!... Pourquoi donc entasser cette collection, comme on entasse dans les caves du cirque des animaux de toute espèce et de tout pays? Est-ce qu'il n'y a pas des licteurs publics à Rome? Ah! j'aimais mieux Sylla; il donnait de l'ouvrage aux geôliers, mais il en donnait encore plus aux bourreaux! On croirait vraiment que César hésite à tuer ces sauvages! Il n'aime pas le sang, dit-on ; mais alors, pourquoi vouloir être dictateur à Rome?

BIORIX.

S'il hésite, c'est sans doute parce que les prisonniers que nous gardons sont les plus précieux... Lydus, c'est un troupeau de rois que nous avons là!... Dans leurs pays, leurs femmes, leurs sœurs possèdent d'immenses richesses...

LYDUS, avec ironie.

Comment le sais-tu?

BIORIX, vivement.

Je n'en sais rien! je répète ce que l'on m'a dit.

LYDUS.

Qu'ils soient esclaves ou rois, pauvres ou riches, est-ce que tous les barbares ne se valent pas et ne méritent pas la mort? D'ailleurs, en les laissant vivre si longtemps, on risque de les laisser s'enfuir...

BIORIX.

Les prisons de Rome sont trop bien gardées !...

LYDUS, regardant attentivement Biorix.

Il y a, dit-on, quelques traîtres parmi les geôliers ; on ne les choisit pas toujours très adroitement...

BIORIX, troublé.

Dans quelle prison de Rome y a-t-il des traîtres?

LYDUS, tranquillement et parodiant Biorix.

Je n'en sais rien... je répète ce que l'on m'a dit...

BIORIX.

A coup sûr, ce n'est pas ici !..

LYDUS.

Non, par Cerbère ! ce n'est pas ici ; n'est-ce pas, Biorix? Tu es Gaulois, je suis Apulien, mais il n'y a pas de trésors qui puissent nous faire oublier notre devoir. Nous sommes également vertueux !.. nous pouvons compter l'un sur l'autre !.. Aussi, cher camarade, je te demanderai de prendre ma place... A mon tour, je veux avoir ma part des fêtes de César ! Tu as vu hier le combat des lions, ce matin les gladiateurs ; je veux au moins voir le combat naval.

BIORIX.

Certainement... tu as raison; assiste à toute la représentation... je resterai ici... sois bien tranquille...

LYDUS.

Tu feras rentrer cette bande dans son trou. (Aux prisonniers qui se sont groupés autour de la grille du fond.) Que faites-vous là-bas ! vous regardez le Tibre !.. ce n'est pas la peine, vous le verrez demain d'assez près... C'est dans ses eaux que seront jetés vos cadavres ! (A un Syrien qui a les lèvres attachées à la partie de la muraille éclairée par le soleil.) Et toi, Syrien, tu embrasses le soleil !... oui, c'est un ami qui te manque ici ! tu as froid, chez nous !.. bientôt tu te réchaufferas aux flammes du Phlégéton ; sois tranquille... Allons ! à vos cachots !.. Et si l'un de vous se brise encore le crâne contre les murs, il n'aura pas même le fleuve pour l'ensevelir : il ira pourrir aux gémonies et n'aura de sépulture que dans le ventre des chiens !... Soyez donc sages et mangez de bon appétit la fricassée de poireaux dont la République vous régale ! C'est la dernière fois que ce festin vous est servi ! (Les prisonniers ont quitté la grille et se dirigent vers l'escalier ; Syrus tend son fouet à Biorix.) Adieu ! voici mon sceptre.

BIORIX.

Amuse-toi bien, et crie pour nous deux : Vive César !

LYDUS, à part et menaçant du doigt Biorix qui ne voit pas son geste.

Oui, je vais bien m'amuser tout à l'heure !

Il sort à gauche.

SCÈNE II.

Les prisonniers commencent à descendre ; Celtill qui est toujours resté à l'écart, marche le dernier. Au moment où il se dirige vers l'escalier Biorix l'arrête et lui fait signe de rester. Celtill s'arrête étonné. Biorix disparaît avec les prisonniers.

CELTILL, seul.

Que veut-il ?.. Vais-je mourir tout à l'heure ?.. Mon heure est-elle enfin venue ? Est-ce mon supplice que ce traître vendu à Rome va m'annoncer ?... Ou bien m'a-t-il reconnu ?.. Non, je ne veux rien devoir à ce misérable, dont la vue me rend depuis quelques jours cette prison encore plus horrible ! (Il fait quelques pas dans la salle.) Ah ! cependant, depuis six ans, jamais un geôlier ne me laissa seul un instant... et cette solitude me semble presque la liberté !... Ne plus voir de Romains, c'est presque revoir ma patrie... Je ne sais pourquoi... je me sens le cœur moins mort... Est-ce parce que nul regard n'est plus là pour épier mes soupirs ?.. Je croirais sentir je ne sais quelle joie, si la joie pouvait approcher de Celtill !.. (Il est appuyé contre la porte du cachot où est enfermée Lutétiana.) Cette prison détestée me paraît aujourd'hui moins lugubre... j'y crois respirer un souffle inconnu qui m'apporte comme un parfum de mes forêts... Folle illusion ! rêve semblable à tous ceux qui viennent dans mon cachot tourmenter ou séduire mon imagination avide de fantômes... Mes membres traînent toujours ces chaînes honteuses... et ils les traîneront jusqu'à ce que le bourreau me les arrache avec la vie !..

SCÈNE III.

BIORIX. Il paraît en haut de l'escalier, et se tournant vers Celtill :

Silence !

Il va ouvrir la porte du cachot à Lutétiana et lui dit :

Le voilà ! sois prête à fuir au coucher du soleil ! Que vos paroles soient rapides ! je veille sur vous !...

Il sort par la même porte que Syrus.

SCÈNE IV.

LUTÉTIANA, CELTILL.

LUTÉTIANA. Elle s'avance vers Celtill qui la contemple avec une émotion profonde :

Me reconnais-tu ?...

CELTILL, tremblant de joie et de surprise.

Si je ne rêve pas encore... c'est toi !... Oui, par les puissances éternelles ! c'est toi !... divinité bienfaisante, vierge céleste dont l'image passa tant de fois dans mon sommeil pour me rappeler à la vie, en me rappelant à l'espérance ! ... C'est toi qui n'as pas permis à mon courage de mourir tout entier avant moi... toi, dont je voyais sans cesse au fond de mon âme briller comme une tranquille clarté le doux et confiant sourire !... Ah ! pourquoi as-tu tant tardé ? Depuis six ans, tu me promettais chaque jour de venir, et chaque jour je t'attendais ! Où étais-tu ? Pourquoi m'avoir laissé si longtemps avec ton seul souvenir ?... Oh ! ne sens-tu pas de quels flots de bonheur ton apparition inonde tout mon être ? En te voyant, c'est la Gaule d'autrefois et toutes ses splendeurs si chères qui semblent ressusciter... je retrouve l'âme que j'ai perdue... Je ne suis plus un vil captif, l'esclave de mon vainqueur... j'oublie mon horrible destinée, j'oublie les Gaulois qui me haïssent, et les Romains qui me méprisent... Tu chasses les ombres sanglantes qui errent sans cesse autour de moi ! Ah ! reste !... Tu ne sais pas combien il est cruel d'être entouré par des cadavres qui nous maudissent !.... Quand je n'apercevais plus ton image consolatrice, c'étaient les rochers d'Alésia qui m'apparaissaient, et sur leurs pentes rougies, des milliers de mourants se redressaient en me jetant un cri de colère ! Laisse-moi presser ta main aimée !... Ah! qu'elle ne quitte plus la mienne ! En la touchant, l'ivresse inconnue du bonheur a remplacé en moi les noirs délires du désespoir !

LUTÉTIANA l'a écouté avec ravissement, et, levant les yeux vers le ciel, elle s'écrie :

Dieux immortels ! Dieux sauveurs !... Ah !... vous n'aviez pas trompé Lutétiana ! C'était bien dans le ciel que retentissaient ces paroles dont l'écho vibrait dans mon cœur, et qui m'ordonnaient de vouer ma vie au salut du plus noble et du plus malheureux des Gaulois ! Oh! si j'ai souffert ; si, pendant des jours et des années, mon âme et mon corps ont été torturés, je suis trop récompensée par la joie céleste sous laquelle mes forces épuisées succombent si délicieusement !... Dieux sauveurs, soyez bénis : Celtill n'a pas oublié Lutétiana !...

CELTILL.

Et comment aurais-je pu oublier celle qui, à l'heure la plus cruelle de ma vie, a fait seule entendre à mes oreilles une parole d'espérance et d'affection !... J'écoutais encore les outrages de mon féroce vainqueur: j'étais inerte et muet, écrasé sous une douleur qui me tuait, quand, au milieu des cris sauvages des soldats ivres de sang et d'orgueil, je sentis près de moi le suave murmure de ta voix, comme le bruit léger d'une source limpide qui se mêle aux fureurs de la tempête... Ta parole aux douceurs si pénétrantes courut dans mes veines pour y réveiller un reste de chaleur, comme un baume divin qui fait sortir un cadavre du tombeau... J'allais succomber... les liens de mon existence, prêts à se rompre, cherchèrent à se rattacher... je me laissai charger de chaînes, conduire je ne sais où... Je n'étais pas encore revenu à l'existence, mais je cessais de mourir... Je restai longtemps dans cet engourdissement qui n'était ni la vie ni la mort... et quand je me réveillai, quand je rouvris les yeux, c'est parce que je crus entendre ta voix me disant encore : « Obéis et espère ! » Hélas! je me trompais, j'étais seul ; j'étais dans ce cachot que je n'ai plus quitté, mais où je t'ai obéi, où j'ai espéré... Je ne sais qui tu es... ton nom adoré m'était même inconnu, mais je n'avais pas moins foi absolue en tes ordres sacrés!... Il y a des regards qui ne trompent pas... des paroles qu'on n'entend qu'une fois dans sa vie... et un mot, un coup d'œil de toi, c'était assez pour que je crusse à tes promesses comme à un mot de mon père... Je ne m'étais pas abusé, puisque du fond de la Gaule, tu es venue à Rome, puisque tu as su pénétrer dans ce cachot... Demain, hélas! il eût été trop tard... Ce sont tes derniers adieux que tu viens me faire.... Oh! merci... Si j'étais mort sans te revoir, j'aurais douté de ton existence; j'aurais senti avec déchirement s'anéantir une seconde fois ce passé si triste et si cher qui renferme tant d'instants où ma pensée a vécu avec la tienne! j'aurais maudit peut-être celle que je devais bénir, je serais mort encore plus abandonné, et le cœur encore plus vide... Mais maintenant, je t'ai vue... je sais ton nom, j'ai entendu de nouveau ta voix, aussi douce que la première fois; j'ai plongé mes regards dans les tiens, je sais qu'il y a dans le monde une âme qui ne m'a pas maudit, qui a eu pitié de moi; je mourrai sans me plaindre!...

On voit apparaître Lydus derrière la fenêtre grillée qui donne sur la rive du Tibre. Il écoute en se cachant. Lutétiana et Celtill ne s'aperçoivent pas de sa présence.

LUTÉTIANA.

Tu ne mourras pas!

CELTILL.

Ne pas mourir! Déjà le bourreau s'apprête, et le peuple romain, le roi de l'univers, attend mes membres pour les déchirer! Non, je mourrai; et d'ailleurs, quand même tu m'apporterais la vie, qu'en ferais-je maintenant?...

LUTÉTIANA.

Ce que tu en fis jadis!... Tu armeras ton pays et tu le sauveras!...

CELTILL.

Hélas! l'ai-je sauvé?... Oui, je l'ai amené en face de mon ennemi, mais pour qu'il pût l'écraser d'un seul coup!...

LUTÉTIANA.

Crois-tu donc que la Gaule soit morte?

8

CELTILL.

J'ai vu la foudre tomber sur sa tête !...

LUTÉTIANA.

Ne te rappelles-tu pas que dans nos forêts les chênes les plus éternels, ceux qui dominent de toute la tête le sommet des collines, sont ceux que la foudre a le plus souvent frappés... le tonnerre creuse en vain sur leurs flancs de noirs sillons ; vienne le printemps, et sous le feuillage nouveau disparaissent leurs blessures ; ils redressent leur front un instant courbé et bravent l'ennemi qui a pu les mutiler, mais non les abattre et les déraciner !...

CELTILL.

Ame généreuse et cruelle ! Au moment où je vais mourir, pourquoi faire passer devant un vaincu des images qui rendront sa mort plus amère ?... Oui, je le sais, la race gauloise est la race des résurrections, et Rome n'est plus que l'ombre d'un grand souvenir ; mais toi, ignores-tu donc, hélas ! que César ne combat pas seul, et qu'il a derrière lui un invincible Dieu qui nous punit par son bras ?... Vouloir l'arrêter, je le vois maintenant, c'était folie pareille à celle qui nous saisit parfois en Gaule lorsque nous voulons arrêter la mer divine... Si l'heure n'est pas venue où le flot doit descendre, il n'est pas de puissance humaine qui sache le faire reculer, et il brisera sans peine avec des mugissements de victoire la digue qu'un peuple entier formerait avec sa poitrine...

LUTÉTIANA.

Oui... mais l'heure contraire arrive bientôt... et alors il n'est plus davantage de puissance capable de retenir ce flot que rien ne pouvait repousser !... Ses cris orgueilleux tombent, le rivage se tait, et c'est d'elle-même que la vague abandonne la grève, où elle ne laisse que de minces ruisseaux qui s'enfuient avec une plainte et ressemblent à des pleurs de colère...

CELTILL.

Cette heure ne peut venir pour nous, tant que l'expiation ordonnée par le ciel ne sera pas accomplie, et elle ne peut l'être que le jour où mourra notre bourreau divin !...

LUTÉTIANA.

Tu seras donc bientôt libre!... Oui, libre!... Demain
même, tu partiras pour la Gaule, où l'on n'attend qu'un
chef tel que toi pour pousser de nouveau le cri de guerre
universel!...

CELTILL.

Qui donc es-tu pour briser les fers que César tient dans
sa main?...

LUTÉTIANA.

Cette main maudite laissera tout échapper, si elle laisse
échapper l'existence!... Ecoute, Celtill... les moments
sont sans prix... écoute Lutétiana, et comme autrefois
obéis et espère!... Ce jour où j'ai entendu le proconsul te vouer à la mort, je me suis vouée à toi : j'ai
juré que je te sauverais... J'étais aussi prisonnière et
esclave, mais, par bonheur, esclave de César! Comme
toi, je suis née d'un chef gaulois; à cette noblesse de
mon sang, j'avais dû le privilége d'être donnée au proconsul; privilége que j'avais d'abord détesté et que je
bénis plus tard, car je lui dus de te suivre en Italie...
J'entrai en même temps que toi dans Rome; si je ne pouvais t'approcher, te voir, je savais du moins ce que tu
faisais; j'entendais tout raconter dans la tente de César;
souvent il me parlait lui-même... sans dureté... mais je
ne pouvais cacher l'horrible répugnance que je sentais
dans tout mon être pour cet implacable ennemi de ma
race; je la lui laissai voir chaque jour plus ouvertement,
parfois j'allai jusqu'à l'accabler sous mes reproches,
comme toi devant Alésia; car je t'ai vu l'écraser sous ta
noble colère... Ce jour-là même, j'avais cru follement mon
bras assez fort et mon âme assez virile pour tenir une
épée que j'avais en vain tournée contre lui... Longtemps
il avait ri de ma haine, il finit par s'en lasser, et me
croyant folle, il m'écarta de lui et me relégua dans la
foule inconnue des servantes vulgaires... J'avais obtenu
ce que je voulais... j'étais sous son toit; je le voyais, et
il ne me regardait plus... je le surveillais, et il ne pensait
plus à moi... Je tissais en silence la toile dans son gy-
nécée, et chaque fois que ma main fiévreuse lançait la
navette, j'ajoutais aussi en secret un fil à la trame d'airain que tissait ma haine... Il partit bientôt pour ses
expéditions lointaines et me laissa à Rome... il alla jusqu'en Égypte, et là, avec une reine impudique, il donna

au monde un spectacle qui souleva enfin contre lui la colère des Romains... On commença à conspirer... Oh! alors, moi, je commençai à espérer... j'épiais les progrès de la révolte, et, en même temps, j'essayais de pénétrer jusqu'à toi... Hélas! comme s'émoussaient contre la poitrine du dictateur tous les poignards, contre les murs de ce cachot venaient s'épuiser en vain toutes mes ruses... Six ans, j'ai mouillé de mes pleurs ces portes inflexibles. Les Dieux enfin ont eu pitié de notre supplice... ô bonheur... j'apprends qu'un de tes gardiens était Gaulois... tu le sais?... tu l'as vu?...

CELTILL, avec mépris.

Une créature cupide et basse qui, dans l'Assemblée des Gaules, nous proposa une lâcheté, et que Rome a dignement récompensée de ses infamies en en faisant un geôlier!... Ah! Lutétiana, voit-on des êtres aussi repoussants!... on passe avec dégoût devant eux et on oublie vite!...

LUTÉTIANA.

Pour te sauver, Celtill, quelle humiliation ne semble douce et facile!... Je l'ai vu, moi, ce Biorix! je lui ai parlé... il trembla, hésita longtemps, et enfin, en rougissant, accepta tous mes présents... Pour toi, j'ai voulu tuer César; pour toi, je l'avais volé... je lui avais repris une parcelle de ces trésors dont il a dépouillé nos temples et nos lacs sacrés, et qu'il souille sur le front de ses courtisanes! Ces présents, mêlés à mes prières, ont pu me faire ouvrir enfin cette porte, qui demain, ô Celtill! s'ouvrira pour toi... car demain est un jour de délivrance pour Rome, asservie comme l'univers... César a fait déborder l'indignation romaine en voulant poser sur sa tête la tiare asiatique. Un illustre Pompéien, Lucius Æmilius, a réuni de nouveaux conjurés, qui ont fait serment de ne pas subir cette humiliation suprême. C'est ce soir, dans les jardins de César, pour terminer les fêtes que le dictateur donne depuis quarante jours au peuple romain, qu'il sera percé par le poignard... Il n'y a pas de festin à Rome qui ne soit une orgie... quand le vin aura alourdi les âmes, alors se lèvera la haine à jeun, et le proconsul tombera. Son char triomphal, qui devait le mener au Capitole en te traînant derrière lui, mènera son cadavre aux gémonies, pendant que tu franchiras les

Alpes..; tiens-toi prêt dès cette nuit même; au milieu du tumulte, ta fuite sera facile; si on te résiste, voici une arme qui te fera un chemin (elle lui donne un poignard); cette grille sera brisée par des Arvernes fidèles, qui sont aujourd'hui sénateurs romains, et qui demain redeviendront soldats gaulois... Le secret leur a été confié, c'est par eux que je sais tout... ils t'attendent avec impatience; dès que César aura été frappé par les Romains, ils quitteront Rome avec toi, et bientôt après, ta voix appellera de nouveau à la révolte la Gaule frémissante... Tu vois bien, Celtill, que Lutétiana ne t'a pas trompé, en te disant d'espérer! tu vois bien que tu ne mourras pas!...

CELTILL, transporté de joie.

Ah ! César va donc reconnaître qu'il y a des Dieux au ciel !!... O ma Gaule bien-aimée ! ô ma patrie ! ô ma mère ! Ce n'est donc pas en vain que j'ai combattu pour toi !... Tu m'es rendue, tu renais en même temps que moi... ensemble nous sortirons du tombeau et de la mort !... Ah! Lutétiana, tu m'as fait passer trop vite de l'excès des tristesses à l'excès des bonheurs !... Tu le vois, je pleure comme un enfant ! Ah ! pardonne-moi !... Tu le sais, je suis bien jeune encore, c'est à peine si je suis un homme !.. Les tortures les plus horribles ne m'auraient pas arraché une seule larme; mais il faut en ce moment que quelque chose se brise et éclate en moi, tant mon cœur, tant mon être tout entier souffre et crie sous l'étreinte de l'émotion... Ah! je crois que si je pleure, c'est pour ne pas mourir !... Ah! pardonne-moi ! Mes yeux, obscurcis par ces heureuses larmes, peuvent à peine contempler et adorer celle qui vient de m'ouvrir le ciel !... Trop de joies envahissent tout à coup un cœur fermé depuis si longtemps ! Tu m'avais apparu... c'était assez déjà pour m'enivrer, car ta vue avait allumé dans mes veines un feu inconnu dont je sentais avec délices la flamme si douce me brûler... je ne sais ce qui m'avait transformé; j'avais touché ta main ; je serais mort portant dans mon cœur le deuil de ma patrie, mais gardant sur mes lèvres le sourire que le rayon de tes yeux y avait fait naître !... Tu me donnes maintenant plus que la vie... tu me rends une patrie que je croyais perdue pour jamais !... Tu effaces les dernières douleurs qui assombrissaient mon âme ; tu m'entraînes avec toi dans un

avenir lumineux où mes yeux éblouis aperçoivent des
bonheurs plus beaux que tous ceux que ma jeunesse en-
thousiaste avait pu jadis rêver, car jadis je ne te con-
naissais pas, et la gloire aujourd'hui me semble plus noble à conquérir, la Gaule m'est plus chère encore que
par le passé!... La vie que tu m'apportes vaut mille fois
celle que César m'aurait prise! Ensemble nous allons
partir, et nous chasserons au loin les légions romaines!
Oh! l'invincible proconsul n'est plus là... avec lui est
mort le mauvais génie de la Gaule... Tu l'as dit : elle
va relever son front courbé par la tempête ; et, de nouveau, à l'ombre de son vaste feuillage, cent nations heureuses vivront en paix!...

LUTÉTIANA, d'une voix suppliante.

Quand le nom de Celtill sera plus glorieux que celui
des rois les plus illustres, le sauveur des Gaules dai-
gnera-t-il abaisser les yeux sur l'esclave de César?...

CELTILL.

Ah! Lutétiana, au milieu de notre bonheur, pourquoi
jeter ce doute méchant?... Toi, toujours si douce à mon
cœur, pourquoi lui faire tout à coup cette blessure?...
Ne sais-tu pas que désormais ma vie est attachée à la
tienne... Oh! ne sais-tu pas combien je t'aime!...

LUTÉTIANA.

Ah! Celtill, il n'y avait pas de doute dans mon cœur!
Oh! pardonne-moi!... mais je n'avais pas encore entendu dans ta bouche adorée ce mot du ciel que j'attends
depuis tant d'années, que j'ai entendu tant de fois dans
mes rêves et que j'entends enfin sur tes lèvres!...

On voit Lydus repasser devant la grille et disparaître à gauche.

CELTILL.

Pendant les longues heures de ma captivité, ô ma Lutétiana, ce qui m'a seul fait vivre, c'est un secret pressentiment que je reverrais un jour cette vierge au front pâle
et brillant dont le regard avait fait tressaillir une fibre
nouvelle de mon cœur! Si j'ai pu vivre six ans de ce regard que tu avais laissé tomber sur moi, c'est parce qu'il y
avait en lui une âme tout entière, et cette âme avait
passé dans la mienne pour s'y confondre et s'y unir à
jamais!... Cent fois, dans mes jours de délire, j'ai voulu
rejeter brusquement cette existence qui ne voulait pas

me quitter; je n'avais pas d'armes, mais je pouvais me laisser mourir de faim ou m'ouvrir le crâne contre les barreaux de mon cachot; toujours ton doux visage m'apparaissait en m'ordonnant de vivre et d'attendre encore... Jamais les Dieux n'ont uni deux destinées plus étroitement que les nôtres; comment pourrions-nous vivre séparés?...

LUTÉTIANA.

Ah! Celtill, malgré nos longues souffrances, rendons grâce aux Dieux! Il y aura encore pour nous, dans nos vertes forêts, des jours de vrai bonheur!... Sous le ciel que nos yeux ont vu en naissant. nous connaîtrons toutes les joies de la terre, car nous avons l'âme pure et nous nous aimons!...

CELTILL, à ses genoux,

Oui, Lutétiana, nous nous aimons!...

SCÈNE V.

BIORIX entre en criant :

Fuyez! nous sommes perdus! Lydus est sur nos pas! (A Lutétiana.) Il est trop tard pour sortir, tu le rencontrerais... rentre dans ce cachot. (A Celtill.) Et toi, dans ta cellule!..

CELTILL.

Oh! Lutétiana! voilà le réveil de nos rêves; mais tu l'as ordonné, j'espèrerai jusqu'à la fin!

LUTÉTIANA, entraînée par Biorix qui pousse sur elle la porte du cachot.

Demain!

BIORIX, en fermant la porte.

Demain, vous ne vous verrez plus, car j'ai eu bien tort de consentir à cette entrevue! Quelle idée bizarre d'avoir voulu être reconnaissant! Cela ne m'arrivera plus! ma tête ne me tient plus sur les épaules! Pourquoi m'être souvenu que j'avais été Gaulois! je ne suis plus d'aucun pays, puisque je suis geôlier! Allons, barbare, dans ta cellule! vite! pour toi je risque le dernier supplice!

CELTILL.

Il n'y a plus de supplices à craindre ; demain, la mort violente disparaît du monde avec sa dernière victime !

BIORIX.

Cette Gauloise t'a rendu fou ! va rêver sur ta paille, et surtout rêve tout bas !..

CELTILL.

Derniers outrages qui venez après une heure d'espérance, que vous semblez durs !

BIORIX.

Allons, vite !

Tous deux disparaissent par l'escalier.

SCÈNE VI.

LYDUS, entrant avec hâte.

Ah ! tout a disparu ! Il cache son couple quelque part... les soldats qui veillent à la porte m'ont dit que personne n'était sorti. Patience ! nous allons nous expliquer ! Ah ! mon cher Gaulois, tu as cru que je n'avais pas observé tes conciliabules avec cette belle fille qui rôdait depuis si longtemps autour de la prison ! Mais aussi, pourquoi César a-t-il une passion si étrange pour les Gaulois ?.. A Rome, maintenant, il n'est pas d'emploi qui ne leur soit accordé ! Ils n'ont qu'à demander ! Que l'on fasse des Gaulois sénateurs, passe encore ; mais geôliers !.. voilà le vrai renversement de la République !.. Heureusement que j'étais là, pour protéger César contre lui-même. Je n'ai pas été long à prendre une barque, à passer le Tibre, et collé contre la muraille, j'ai entendu une belle histoire !.. La Gauloise nous a apporté un secret qui vaut une fortune !.. elle est entrée ici, elle n'en sortira plus !..

SCÈNE VII.

BIORIX ; il remonte par l'escalier.

LYDUS.

Eh bien, Biorix ?

BIORIX.

Eh bien, Lydus ?

LYDUS.

Tu ne m'attendais pas si tôt.

BIORIX.

Non. Est-ce que tu ne t'es pas amusé?..

LYDUS.

Je... n'ai pas pu entrer. Que veux-tu, Biorix! Il y a tant d'étrangers à Rome, qu'on ne trouve plus de place nulle part! Les Gaulois surtout inondent la ville. N'en as-tu pas vu jusqu'ici?..

BIORIX.

On ne vient pas se promener pour son plaisir dans cette salle!..

LYDUS.

Quelquefois. Ainsi, tu n'as vu personne, depuis mon départ?

BIORIX.

Pas une ombre!

LYDUS.

Il n'y a rien de nouveau ici?

BIORIX.

Absolument rien.

LYDUS.

Tu te trompes.

BIORIX.

Qu'y a-t-il de nouveau?

LYDUS.

Un geôlier, un traître, qui a ouvert la porte de la prison, va être livré au préteur, c'est-à-dire au bourreau.

BIORIX, regardant avec terreur Lydus qui se met à rire en le menaçant.

Ah! Lydus, mon ami, tu as tout appris! oui, tu sais tout... oh! ne me trahis pas!

LYDUS.

Sache, mon ami, que ce qu'un geôlier doit surveiller avant tout, c'est son camarade! tu es encore neuf dans ton métier!

BIORIX.

Oui, j'ai eu tort de me cacher de toi; mais demain, ces prisonniers seront tués; ne pouvait-on permettre aujourd'hui à l'un d'eux de voir sa sœur une dernière fois?

LYDUS.

Sa sœur? imbécile! Est-ce qu'une sœur aurait eu besoin de toi pour voir son frère! Elle se serait adressée à César; avec ses idées d'humanité, il est capable de tout! Il lui aurait ouvert la prison!... Ils ne sont pas plus de la même famille que nous ne sommes du même pays. Ah! vraiment, tu me fais pitié; tu es aussi bête que coquin... C'est son amante!...

BIORIX.

Sœur ou amante, tu n'aurais pas résisté toi-même aux supplications de cette femme...

LYDUS.

Oui, la race gauloise est une race éloquente, c'est vrai, mais l'éloquence de la Gauloise a-t-elle suffi seule pour te persuader? Voilà ce que je veux d'abord savoir.

BIORIX.

Elle s'est jetée à mes pieds et a mouillé mes mains de larmes.

LYDUS.

Je sais que quelques-unes de ces larmes sont tombées dans le creux de ta main... Vide tes poches, ou ce soir tu es geôlier chez Pluton.

BIORIX, tirant de sa poche des colliers de perles et de diamants.

Oui, je l'avoue, j'ai aussi accepté...

LYDUS, prenant les colliers et les tenant en l'air.

A la bonne heure; voilà des larmes touchantes! Que ne puis-je en essuyer souvent de pareilles! Elles me font comprendre ton mouvement de pitié!... Par la barbe de Saturne! des perles grosses comme des noix! C'est encore bien plus fort que Cicéron multiplié par Hortensius! (Il met les colliers dans sa poche.) Nous ne parlerons pas des larmes de la Gauloise à César; mais ce que je cours lui découvrir, c'est le secret terrible que cette femme vient de révéler et que tu n'as pas même eu l'esprit d'écouter... Où est-elle?

BIORIX.

Là. Elle m'attend pour que je la conduise hors de la prison.

LYDUS.

Elle restera dans ce cachot! Elle y est très bien, jusqu'à nouvel ordre... Elle est enfermée; tout est pour le mieux! Voyons, console-toi... Je ne dirai rien de l'entrevue avec le Gaulois... on me demanderait peut-être des détails que j'aime mieux garder pour moi. (Il frappe sur sa poche.) D'ailleurs, n'est-ce pas? c'est à charge de revanche... Il nous suffit de livrer la Gauloise... Surveille-la donc bien, Biorix!... Expie ton imprudence en redoublant de sévérité!... Ta faute a peut-être sauvé l'Etat, je te la pardonne; mais tu sais que ta vie est entre mes mains.

BIORIX.

Oh! sois tranquille; on ne me prendra plus à vouloir être généreux! on n'y gagne rien...

LYDUS.

Tu auras raison... on voit que tu n'en as pas l'habitude, tu ne sais pas t'y prendre... Quand on est généreux, il faut, mon cher, l'être tout à fait.

BIORIX, naïvement.

C'est bien difficile...

LYDUS.

Ne t'en mêle donc plus. Pour moi je cours au palais de César. Je n'ai qu'un nom : Lucius Æmilius, mais il suffit pour trouver les autres... Et puis, à la rigueur, il y aura la torture pour la Gauloise, et elle parlera... A bientôt, Biorix. C'est à Lydus que le dictateur de la République devra ce soir de conserver la vie!

Il sort en courant. Biorix lève le poing vers le cachot de Lutétiana, et va, d'un air irrité, lever encore une barre de fer sur la porte.

La toile tombe.

ACTE QUATRIÈME

LA FÊTE CHEZ CÉSAR.

Une terrasse des jardins de César. Au fond, au milieu d'une balustrade de marbre richement ornée de statues et de lampadaires, un large escalier qui descend vers les bosquets. De chaque côté de la terrasse, une rangée de lits devant des tables basses chargées de coupes et d'amphores. A droite, un lit plus élevé et plus orné. En avant de chaque rangée de tables, au premier plan, des trépieds, dans lesquels brûlent des flammes parfumées. Dans l'éloignement, on aperçoit Rome dont les édifices splendides sont dominés par le Capitole.

SCÈNE Iʳᵉ.

Les sénateurs APPIUS, POMPONIUS et PORCIUS entrent par la gauche. Ils sont couronnés de roses et de lierre ; leurs toges sont ornées de franges de diverses couleurs. Appius est pâle et a l'air mélancolique et distrait. C'est un blasé. Pomponius a la toilette la plus élégante : ses cheveux, frisés à l'assyrienne, forment des boucles qui tombent tout autour de sa tête ; il est maigre, sa figure est flétrie. C'est un débauché. Porcius est énorme ; ses joues sont rubicondes et luisantes de graisse. C'est un gourmand.

APPIUS.

Chers amis, voici l'asile que nous cherchons.... Nous aurons ici fraîcheur et silence...

POMPONIUS.

Et repos... Vraiment, César est impitoyable ! Il nous écrase sous les plaisirs... En allant s'asseoir à ses festins, ses convives pourraient chanter comme les gladiateurs : César, ceux qui vont mourir te saluent ! Je demande grâce et répit jusqu'à l'apparition des Syriennes ! (S'adressant à des esclaves qui disposent à droite des coupes sur les tables.) Esclaves, c'est bien sur cette terrasse que doivent se célébrer les danses ?

UN ESCLAVE.

Oui, Seigneur.

POMPONIUS.

Quelle est l'heure fixée ?

L'ESCLAVE.

Elles commenceront dès que César quittera la panto-
mime; sans doute aux approches de la nuit.

APPIUS.

C'est parfait... Nous avons quelques instants pour respirer un peu; asseyons-nous ici.

POMPONIUS.

Arrivés les premiers, nous aurons les meilleures places
pour régaler nos yeux de la vue des enchanteresses que
César a ramenées d'Orient! A sa passion pour les blondes
Gauloises, a succédé une passion nouvelle pour les ar-
dentes filles du soleil, et le judicieux César prouve son
bon goût en faisant ses nobles sénateurs juges de ses
caprices amoureux. De toutes nos fonctions, c'est celle
que je considère comme la plus importante...

Ils se dirigent vers les lits à gauche; ils y trouvent Porcius qui, dès son
arrivée, est allé en chancelant s'asseoir, et s'est versé à boire.

APPIUS.

Comment, Porcius, tu bois encore... après l'intermi-
nable repas que César vient de nous donner!

PORCIUS.

J'ai bien soupé tout à l'heure, je le reconnais! mais
c'est justement parce que j'ai trop mangé là-bas qu'il
faut que je boive trop ici!... Ne t'inquiète pas, cher
Appius, je me suis habitué à vivre tranquillement d'excès... Ah! pourquoi cette coupe n'est-elle pas aussi immense, aussi profonde que la voûte du ciel, elle apaise-
rait peut-être ma soif! J'ai dans le gosier tous les sables
de la Lybie!... je viderais le lac Mœris d'un trait!... Ne
faut-il pas d'ailleurs faire honneur au précieux Falerne
de notre généreux hôte en buvant à sa santé! (Il leur verse
du vin dans leurs coupes.) Buvez donc comme moi: à César!

Ils boivent. Appius trempe à peine ses lèvres.

POMPONIUS.

Au plus divin des dictateurs!

PORCIUS, versant d'une autre amphore.

Et celui-ci. Oh! la mousse...

Il se jette sur sa coupe.

POMPONIUS, buvant.

Le vin de César est vraiment digne de la gloire immortelle de l'heureux amant de Cléopâtre!

PORCIUS, d'une voix émue.

Ah! amis de mon âme, quelle journée!... Les larmes m'en viennent aux yeux!... Oh! mes amis, vous rappelez-vous la langue de truie aux rossignols! quel fumet!... Et le loir au garum... Je ne parle pas du premier goût, mais vous rappelez-vous comme moi l'arrière-goût!... Ah!... Et les champignons glacés... Oh!... les champignons!!...

POMPONIUS.

J'ai admiré surtout cette énorme lamproie dont l'apparition a soulevé tant d'applaudissements. Je suis sûr qu'elle valait deux ou trois fois plus cher que le pêcheur qui l'a prise!

APPIUS, froidement.

Le poisson était trop frais, je n'aime que le poisson légèrement gâté.

PORCIUS.

J'accepte ta critique, elle est d'un juge délicat; mais tu ne peux attaquer les escargots au cumin!... (Avec joie.) Je crois avoir enfin deviné d'où venait leur parfum... (A voix basse.) Je vous confie ma découverte à vous, parce que vous êtes mes collègues au Sénat : César, je le jurerais, avait arrosé de vin de Chypre la fleur de farine dont on les nourrit... n'est-ce pas, chers collègues?... L'administrateur de mes cuisines est pourtant de l'école de Sycione; le malheureux ne m'a jamais parlé de cette préparation... Ah! quel homme que César; je ne sais quel don lui manque. Tous les talents les plus précieux ont choisi son esprit pour rendez-vous unique!...

POMPONIUS.

Oui, c'est un génie universel. Avez-vous visité sa galerie de statues? Il se connaît en chefs-d'œuvre encore mieux que Verrès!...

APPIUS.

Il parle grec comme Lucullus...

POMPONIUS.

Il est éloquent comme la tribune aux harangues elle-même...

APPIUS.

Poète comme Lucrèce...

POMPONIUS.

Plus savant que Varron, aussi brave qu'Ajax, plus débauché qu'Alcibiade...

PORCIUS.

Et plus fin gastronome que le sublime Archestrate !... Et un pareil homme aurait, dit-on, des ennemis ? Non, je ne le croirai jamais...

Il boit.

POMPONIUS.

Il faut que ses adversaires aient tous les sens à l'envers.

PORCIUS.

Et l'estomac surtout bien peu cultivé, bien peu reconnaissant... L'avez-vous remarqué : le divin César n'a presque pas touché à ces mets prodigieux qu'il nous avait préparés. Quel désintéressement surhumain ! (Tout en parlant, il s'est levé, et est allé sur d'autres tables chercher des amphores qu'il amasse autour de sa coupe. En revenant à sa place, peu s'en faut qu'il ne tombe.) Ce vin... renversant qu'il nous prodigue à pleines coupes, c'est à peine si sa lèvre discrète l'effleure un instant. Tout pour ses hôtes, et rien pour lui-même ; voilà la règle de ses festins... Qui donc a jamais aimé le peuple d'un amour aussi pur ? Et dans quel siècle a-t-on mieux gouverné ? Avant César, qui a su donner comme aujourd'hui un festin exquis de vingt-deux mille tables ?

POMPONIUS.

Et hier, au cirque, ces cinq cents lions combattant contre cette troupe de monstres inconnus, épouvantables, apportés des déserts de l'Afrique et de l'Inde !...

APPIUS.

Les lions nous sont connus depuis bien longtemps, mais j'avoue que la girafe était nouvelle et m'a fait un instant presque plaisir...

PORCIUS.

Cette girafe est un animal trop maigre !... Ce que je ne pouvais me lasser de contempler, c'est l'hippopotame ; quelle belle créature ! quelle santé !

APPIUS, à part.

On dirait, à son émotion, qu'il a reconnu un frère !

POMPONIUS.

Et demain donc, quel triomphe ! Jamais notre Rome
n'aura rien vu d'aussi splendide ! Il a été décidé par les
édiles que les chars dorés s'avanceraient trois par trois,
pour que le jour suffise au défilé... quarante éléphants
porteront des flambeaux sur la pente du Capitole ! Jusque
sur les harnais des chevaux brilleront comme des brasiers
des bouquets enflammés de diamants et de rubis orien-
taux...

APPIUS, avec dédain.

Toutes ces fêtes sont gâtées pour moi par la foule d'é-
trangers qui inonde Rome ; dans les rues, on dirait une
tempête perpétuelle ! C'est à croire qu'il est survenu un
nouveau déluge, que Rome seule est restée au-dessus
des eaux, et que le genre humain s'est entassé dans ce
dernier refuge ! Je déteste les plaisirs, quand je ne suis
pas seul à en jouir !

POMPONIUS.

Noble Appius, tu oublies que ce débordement de l'u-
nivers sur notre cité y a amené un choix plus varié que
jamais de beautés de tous pays, de toutes nuances, de
tout charme ! Corinthe, Sybaris sont désertes, et c'est
dans nos murs que Vénus, lorsqu'elle descend sur la
terre, vient chercher l'air chargé de volupté qu'elle
aime à respirer !.

PORCIUS.

Moi, je crains Vénus, je trouve qu'elle rend triste, et
Aristote, m'a-t-on assuré, pensait comme moi... Au
contraire, après un bon repas, quelle sérénité dans notre
âme ! Pendant le travail sacré des mâchoires, quelle béa-
titude dans tout notre être ! Songez-y, mes amis : si l'estomac a été placé par les Dieux au centre du corps, il y a
là un symbole et un avertissement profond qu'on ne saurait trop méditer !... L'étude de la digestion est la clef de
tous les mystères de la vie et de la société. N'est-ce pas
par l'estomac que nous faisons connaissance avec l'existence ? Dès que l'enfant est né, à quoi songe-t-il d'abord ?
à se nourrir ! L'enfance est si charmante, si pure, si inno-
cente, parce qu'elle est naïvement gourmande. Elle n'a

pas le préjugé de la sobriété, sot préjugé que tout réfute, car il n'y a pas dans l'histoire un grand événement, une seule guerre qui n'ait pour origine une question de cuisine... Si Carthage, par exemple, est détruite, n'est-ce pas parce que Caton l'ancien a montré des figues d'Afrique au peuple assemblé? Le commerce tout entier est né des exigences toujours perfectionnées de notre appétit. Oui, toute la politique repose sur la cuisine; et si la République était bien organisée, un des deux consuls serait toujours un cuisinier!

POMPONIUS, riant.

Et les licteurs porteraient devant lui des faisceaux d'écumoires!

PORCIUS, sérieux.

Pourquoi pas? ces instruments sont plus utiles à l'humanité que des haches, et bien s'en servir n'est pas si aisé. Sache qu'il est aussi difficile de bien commander un repas que de bien diriger une bataille... Il faut même peut-être plus de connaissances au cuisinier... une imagination plus riche, plus élégante... N'es-tu pas de mon avis, Appius? Tu ne dis rien, et ce qui est pis, tu ne bois pas! Nous ne sommes pas ici au Forum; dépose la gravité patricienne, et viens à mon secours; la cause est digne de toi.

APPIUS.

Mes amis, je vous écoute en vous portant envie, vous qui savez encore trouver quelque charme à boire ou à aimer! Pour moi, je n'ai plus qu'un cri, ou plutôt qu'un soupir : hélas ! que la volupté humaine est courte et misérable !

POMPONIUS.

Halte-là ! C'est de la philosophie toute pure que tu nous débites ! d'où tombe-t-elle ici?

APPIUS.

Oui, je suis peut-être devenu philosophe sans le vouloir, mais je n'en suis ni plus résigné ni plus content!... Vous ne connaissez pas mes tortures, vous qui trouvez tant de jouissances là où je ne trouve plus que dégoût! Hélas! je suis rongé par des désirs d'immenses voluptés, et je ne sais lesquelles!... Je paie un esclave pour qu'il me cherche des plaisirs nouveaux, inconnus; il a lui-

9

même des esclaves qu'il envoie de tous côtés dans le
monde entier, mais toute cette armée ne trouve plus
rien ; ils me font pitié, ils se répètent honteusement et
me volent mon argent en me ruinant par leurs mesquines inventions. L'inouï, hélas! me paraît médiocre !...
A qui m'apporterait un sens nouveau, un seul, avec quel
bonheur je rendrais tous ceux que j'ai reçus et qui ne
me servent plus à rien! La glace me paraît chaude et le
soleil terne... Partout où je vais, je trouve le même
spectre qui me bâille au nez : l'ennui, l'ennui mortel,
immense, inguérissable !... (Il bâille.) Un jour j'ai tenté de
me distraire en luttant dans l'arène comme un gladiateur ; à peine avais-je tué une dizaine de ces misérables
que le bâillement m'a ressaisi. (Il bâille.) J'ai tout épuisé,
hélas! j'ai jeté au loin des villas sur la mer, j'ai creusé
des lacs sur la cîme des montagnes, j'ai bâti des palais de
marbre blanc... que je faisais peindre en noir quelques
jours après! Que sais-je! j'ai transporté l'Olympe sur
la terre, mais l'Olympe lui-même me fatigue. Qui
peut supporter ces dieux souriant toujours du même
sourire? Vous aimez et cherchez la joie, le rire?... Ne
vous êtes-vous donc jamais aperçus que l'homme qui rit
aux éclats nous montre entre ses lèvres un bout de son
squelette?... Rire !! ah ! moi je voudrais pleurer !... J'envie mes esclaves; dans un de mes plus noirs accès de
tristesse, j'ai pris leur costume et partagé leur cellule, et
un instant je me suis senti mieux !... Oui, je suis las de
l'immuable sérénité de notre vieux Jupiter! Je voudrais
adorer un Dieu qui m'ordonnât de pleurer et d'être malheureux! Il doit y avoir dans les frissons de la souffrance volontaire une jouissance supérieure peut-être
aux frémissements de la volupté. Ces joies inconnues
sont les seules qui m'attirent désormais.

PONPONIUS.

Porcius a raison; Appius, tu es malade!

APPIUS.

Si je suis malade, je le suis avec bien d'autres; car, la
semaine prochaine, nous sommes douze patriciens, de
vieille race comme moi, qui avons résolu de nous suici-
der ensemble... La même piscine nous recevra, et nos
veines s'ouvriront en même temps! Et tout dans l'univers n'a-t-il pas l'âme dénuée comme nous? tout semble

mûr pour la mort!... Je voulais me tuer, il y a un mois : ma dorade favorite, ma seule consolatrice, était morte, je l'avais trop engraissée de sang humain. J'étais plus que las, j'étais irrité de la vie; mais j'ai voulu voir les fêtes de César; seulement à cause d'elles j'ai retardé ma mort, et j'ai eu tort; il ne nous a rien donné d'impossible!

PORCIUS, de très mauvaise humeur.

Tu aurais bien dû te tuer il y a un mois, comme tu en avais l'envie; tu ne serais pas là à nous ouvrir ton âme comme on ouvre un cercueil! Avec tes idées lugubres, tu es capable d'arrêter ma digestion, et rien n'est plus dangereux... Or, moi, je trouverai que la vie est bonne, tant que j'aurai de bonnes dents, et j'en ai encore... sept qui travaillent bien. Je veux conserver l'existence tant que je conserverai un seul de ces os de mon squelette, comme tu dis dans ton langage sépulcral, qui me coupera peut-être l'appétit pendant huit jours!...

POMPONIUS.

Pardonne-lui, Porcius; il ressemble aux enfants qui pleurent, parce qu'ils veulent absolument décrocher la lune pour s'en faire un miroir.

PORCIUS.

Il ferait mieux d'aller la chercher au fond du Tibre, quand elle s'y regarde! Va, Appius, pendant une nuit, bien au fond de l'eau, presser dans tes bras la chaste déesse, et tu seras consolé!

APPIUS, souriant.

Il y a quelques jours, pour me guérir, on m'avait proposé une union, non avec une déesse du ciel, mais avec une des patriciennes que l'on vante comme une des divinités de Rome... j'ai préféré m'ouvrir les veines...

POMPONIUS.

Et, par Pollux! ton choix prouve en faveur de ton jugement; si tu es malade, au moins tu n'as pas perdu ton bon sens.

APPIUS, rêveur.

Pourtant nos ancêtres disaient que les joies du mariage sont les plus douces; nos ancêtres avaient peut-être raison?

POMPONIUS.

Nos ancêtres étaient fous !.. Une épouse n'a jamais
été qu'une peste et un fléau dans une maison! Si elle
est honnête, elle est aussi monotone que les psalmodies
des Vestales ; si, comme presque toutes et comme nous-
mêmes, elle aime la volupté, au bout d'un mois nous
sommes trahis et ridicules ! L'obligation du mariage était
une des plus odieuses tyrannies de ce temps passé, que
l'on vante comme le temps de la liberté et qui a été au
contraire l'âge d'or de toutes les servitudes ! Dans ces
siècles d'esclavage, la loi pénétrait partout pour nous
contrarier partout !.. On était libre, mais il fallait servir
à la guerre ; on était libre, mais il fallait prendre une
femme, où le censeur vous notait...

PORCIUS.

On était libre, mais on ne pouvait avoir plus de trois
plats sur sa table ! et le vin Sabin, ô horreur ! était le
seul qui entrât dans Rome !..

POMPONIUS.

On était libre, mais il n'était pas permis d'avoir pour
esclave un bel adolescent aux longs cheveux bouclés...
ou d'orner sa demeure de peintures et de statues grec-
ques... Que sais-je, enfin?... on ne pouvait même prêter
son argent qu'à un pitoyable intérêt !.. En un mot, le
poisson dans le filet du pêcheur est plus libre que ne
l'était alors le citoyen emprisonné dans les réseaux
d'acier d'une loi stupidement étroite... Heureusement
que, de nos jours, les mailles se sont élargies...

PORCIUS. Il est allé, en chancelant de plus en plus, replacer sur les
tables les amphores qu'il a vidées.

Ne savons-nous pas marcher seuls?.. Nous n'avons pas
besoin qu'on nous tienne avec des lisières !.. Nous savons
nous tenir debout !.. Nous voyons clair à notre route !
Nous n'avons pas besoin qu'on nous guide...

Il ne peut plus trouver la table où il était assis.

POMPONIUS.

Rome aujourd'hui jouit de toutes les libertés désira-
bles selon moi...

PORCIUS, qui a réussi à s'asseoir, frappant sur la table.

J'ai cinq cuisiniers et dix-huit plats tous les jours !...

POMPONIUS.

Au lieu de choisir à vingt ans une femme qui vieillit plus vite que nous et d'être ainsi forcés pendant la moitié de notre vie de respirer une fleur fanée, j'ai chez moi une danseuse de Corinthe ou de Milet que je paie et renvoie dès qu'elle me fatigue. Et, en dépit des XII Tables, j'aime mieux les joueuses de lyre que les fileuses de laine !

APPIUS.

Moi aussi, je l'avoue ; mais on supporte peut-être la femme pour les enfants qu'elle nous donne... Il faut que l'homme rêve pour être heureux ; à mon âge, l'homme, hélas ! ne rêve plus pour lui-même ; il a vu trop souvent s'évanouir les mirages de l'horizon ; mais qu'il ait un enfant de son sang, il fera malgré lui des rêves pour cet enfant, et il reprendra peut-être goût à la vie, c'est-à-dire à l'illusion !

POMPONIUS.

Les enfants ! encore un préjugé plus niais que le premier. Sais-tu donc d'avance ce qu'ils seront ? Qu'est-ce, le plus souvent, qu'un fils ? C'est un être dont le caractère n'a rien de commun avec le nôtre : un jeune insolent qui se moque de nous, qui, parfaitement sûr d'hériter, nous néglige ou même nous dit des injures. N'est-il pas mille fois préférable d'adopter quelque bon jeune homme de vingt ans, déjà tout élevé, d'un caractère formé et qui nous plaît...

PORCIUS.

Qui aime les mêmes plats que nous, et connaisse les bonnes recettes... Je veux que mon héritier ait étudié la grammaire chez un rôtisseur, et la rhétorique chez un pâtissier... C'est là de nos jours l'éducation véritable !..

POMPONIUS.

Ou, ce qui vaut mieux encore, pourquoi ne pas nous entourer d'amis, qui, espérant toujours être inscrits sur notre testament, nous prodiguent les soins les plus délicats et les caresses les plus touchantes ? A Rome, un vieux citoyen riche et sans enfants a une cour comme un roi d'Asie, et une cour qui ne lui coûte rien !

PORCIUS, se versant à boire.

Heureux mortel !.. Jamais sa coupe n'est vide !..

POMPONIUS.

Platon était un vieux fou, mais il a eu une lueur de
bon sens le jour où il a vu que le mariage était la source
de mille maux... Ce jour-là, il a été pratique et de sage
conseil. Lis-le, non tout entier, par le ciel! mais à ce cha-
pitre, et ton bizarre désir passera. Laissons le mariage
aux barbares; il est indigne d'un peuple aussi civilisé
que le peuple romain !..

APPIUS.

Tu as raison... je crois que ce remède désespéré ne
me guérirait pas! Il faudrait autre chose, mais je ne sais
quoi!... Caton, que je consultai un jour sur ma maladie,
avant qu'il ne fît son ridicule voyage d'Utique, me
tourna le dos d'abord; puis, en grondant dans ses dents,
il me lança cette parole : « Tu souffres? occupe-toi du
peuple! il souffre encore plus que toi! »

POMPONIUS.

Ah! je le reconnais là! Aujourd'hui, on n'a que ce
mot dans la bouche : le peuple, le bien-être du peuple!..
César, lui aussi, ne pense qu'au peuple, ne s'occupe que
du peuple! C'est le seul défaut que je lui connaisse, et,
malheureusement, je crois qu'il ne s'en corrigera pas. Que
veulent-ils donc tous avec leur peuple? Il est dans la misère?.. Est-ce que c'est notre faute? En somme, qu'est-ce
que le peuple? c'est mon cordonnier, c'est mon ma-
çon... Eh bien! est-ce que je n'use pas mes sandales tous
les jours? est-ce que je ne fais pas relever les murs de
ma villa quand ils s'écroulent? que puis-je faire de
plus?.. Si un tribun prétendait un jour que nous ne devons plus avoir d'esclaves, qu'une société peut vivre sans
eux, personne ne lui répondrait, et tout le monde lui
porterait de l'ellébore... Pourquoi donc n'y a-t-il pas
le même accord pour faire taire ces déclamations sur la
misère des citoyens pauvres? La misère ne disparaîtra
pas plus que l'esclavage... Et puis, comment peut-on se
décider à s'entretenir sans cesse de gens grossiers qui ont
du plaisir à voir sauter lourdement les prêtres de Mars, et
qui prennent leurs gestes grotesques pour de la danse!..

PORCIUS, avec un dédain profond.

Des mangeurs d'ail qui ne savent pas même distinguer
les huîtres de Bretagne des huîtres de Brindes! Bu-
vons!.. Par l'âne de Silène! vous ne buvez pas!

Il verse du vin dans les coupes. Pendant cette conversation, les lits se sont garnis peu à peu de convives qui sont arrivés par groupes, se sont assis et boivent en causant. Six sénateurs, qui sont entrés ensemble, se sont désigné en silence les places du premier plan à droite qui entourent le siége de César, et sont allés s'y asseoir. Une de leurs mains est souvent sous leur toge. Ils ne boivent pas, et se parlent bas. Après les dernières paroles de Pomponius et de Porcius, Lucius Æmilius, l'un d'eux, dit à demi-voix à ses collègues :

LUCIUS ÆMILIUS.

Entendez-vous ces Césariens?.. Vous voyez qu'il est temps d'agir! ou la contagion d'infamie gagnera toute la République...

TOUS LES CONJURÉS, à voix basse.

Nous sommes prêts.

UN CONJURÉ.

Dès demain, il faudra exiler ces indignes sénateurs...

UN AUTRE CONJURÉ.

Et nous saisir immédiatement de leurs places! Appius a la ferme du blé de la Sicile : vous êtes témoins que je la retiens le premier...

UN AUTRE CONJURÉ.

Mais cependant...

Leur conversation continue à voix basse.

ÆMILIUS, détournant la tête avec tristesse.

Hélas! déjà le partage!.. même avant le meurtre!..

POMPONIUS, à Appius, après avoir bu.

Ne songe donc pas plus à la misère du peuple qui ne te regarde pas, qu'aux charmes d'une épouse que d'autres regarderaient plus que toi!.. Viens plutôt avec nous passer l'été sur les rivages de Naples; les délices de Baïa feraient aimer la vie à la vieille Atropos !...

APPIUS, dédaigneux.

Pourquoi aller à Baïa? Pour voir tous les matins en me réveillant cette étendue d'eau toujours la même, toujours aussi bleue! Je déteste ce fade rivage, où la mer est bleue, où le ciel est bleu, où les îles et les montagnes qui se dressent à l'horizon paraissent bleues, où les plantes elles-mêmes ont cette affreuse teinte, car l'aloès, la seule plante animée de cette terre aride, l'aloès a des reflets bleuâtres! Je n'ai jamais compris la renommée de ce pays « monochrome,» comme diraient les Grecs. Je l'ai fui en courant, il me semblait vraiment que je devenais bleu moi-même !

PORCIUS. Il n'a pas cessé de boire ; il est complètement ivre ; ses yeux se ferment à moitié. Il a écouté vaguement Appius, et se parle à lui-même, à demi-voix.

Les belles prunes bien fraîches, sur l'arbre, sont bleues aussi !.. Le poisson de mer bien cuit...

Il tombe endormi.

POMPONIUS.

Si l'azur de Baïa te fatigue, viens sous les verts ombrages de Tivoli... Qui pourrait ne pas se plaire à entendre le frisson sonore du vent dans le pâle feuillage de ces jeunes oliviers qui courbent avec tant de grâce leurs élégants rameaux sur la poussière lumineuse de la cascade ?..

APPIUS.

Qu'y a-t-il de plus agaçant que le bruit éternel d'une cascade qui s'écroule nuit et jour ? C'est aussi amusant que d'écouter la pluie tomber !... Non, j'aime mieux ma piscine !..

Depuis quelques instants les danseuses se sont placées dans le fond du théâtre. Elles attendent l'arrivée de César.

POMPONIUS.

Descends donc dans ta piscine !.. Pour moi, je ne te suivrai pas, car je me plairai sur la terre tant que je verrai voltiger à sa surface ces oiseaux charmants que tu aperçois là-bas et dont les ailes frémissent déjà de battements si coquets ! Regarde et vis !..

UN ESCLAVE entre et dit à haute voix :

César ordonne que les danses commencent, malgré son absence ; il est rentré dans sa demeure...

LUCIUS ÆMILIUS, se levant avec vivacité ainsi que les autres conjurés.

Et pourquoi ? Quel est le motif ?...

L'ESCLAVE.

On dit qu'un gardien des prisons a révélé au dictateur un secret d'État de la plus haute importance. Plusieurs maisons de la ville viennent d'être fouillées; on y a trouvé un projet de complot et une liste de conspirateurs.

Il sort.

LES CONJURÉS, dans le plus grand trouble.

Ciel! nous sommes perdus!..

ÆMILIUS, à part, avec une colère concentrée.

Encore quelque traître!... mais un jour viendra, par l'âme de Brutus! où nous réussirons!...

Plusieurs des conjurés se sont levés et cherchent à s'esquiver; ils trouvent devant eux des licteurs qui les repoussent doucement; çà et là, autour de la terrasse, on voit paraître des soldats, l'épée à la main, qui gardent les issues. Les danses ont commencé.

LES CONJURÉS, revenant à leurs places.

Prisonniers!... Tout est fini pour nous!...

POMPONIUS.

Mon cher Appius, veux-tu voir un spectacle plus curieux que Baïa ou Tivoli? Examine les figures de ces maigres sénateurs; je serais bien étonné s'ils n'étaient pas intéressés dans l'affaire qui retient César. Je me doutais qu'il y avait encore quelque complot en l'air; j'ai vu rôder autour du Forum des figures qui sentaient l'émeute. Quand ces hirondelles en noires guenilles rasent le sol de la ville, l'orage n'est pas loin. Regarde donc celui qui est devenu plus jaune qu'un Egyptien et qui cache si gauchement ses bras sous sa toge: on dirait d'une tortue qui rentre ses pattes!.. La sueur vient de couvrir son front et de le mouiller comme s'il sortait d'une étuve... Je suis sûr qu'ils ont des poignards sous leurs tuniques... Mais pensons aux choses sérieuses. Toutes les grimaces de ces stupides Pompéiens ne valent pas une pirouette de nos danseuses!.. (A demi-voix, à Appius.) Dis-moi, cher ami, que préfères-tu décidément: la brûlante langueur des Milésiennes ou la joyeuse vivacité des Corinthiennes? Moi, j'ai des goûts classiques...

Il continue à voix basse.

PORCIUS se relève un instant, de plus en plus ivre, et dit en balbutiant:

Les raisins sur la treille sont bleus!! (D'un air tendre:) Les yeux de ma douce amie sont bleus!... (Un peu après, il regarde autour de lui, profondément étonné, et dit :) Tout est bleu !... (Il retombe en murmurant d'un air heureux :) Je suis bleu !...

SCÈNE III.

Vers la fin des danses, auxquelles les six sénateurs conjurés assistent avec une impatience qu'ils déguisent mal, CESAR, en toge blanche, brodée d'or et de pourpre, la couronne de laurier sur la tête, apparaît lentement en haut de l'escalier de la terrasse ; il reste quelque temps immobile à observer le groupe des conjurés qui ne le voient pas, et qui se concertent à voix basse. Tout à coup, il traverse la scène, la musique cesse brusquement, les danseuses s'arrêtent interdites ; César s'approche tout à fait des conjurés, et dit d'une voix foudroyante :

CÉSAR.

Misérables assassins, montrez donc vos lâches poignards !!...

Tumulte dans l'assemblée ; tout le monde se lève, les conjurés se taisent et restent debout, immobiles, une main cachée sous leur toge.

CÉSAR.

Insensés, c'est César qui vous parle !... Tardez à obéir, et ce sont mes licteurs qui vous les arracheront !...

Tous les poignards tombent aux pieds des sénateurs ; seul, Æmilius n'en cachait pas : il reste écarté du groupe. Quand les poignards tombent, mouvement d'horreur dans la foule ; quelques cris s'élèvent. CESAR calme de la main ces cris ; et, s'adressant d'abord aux conjurés, d'un ton froidement ironique :

Ah ! vous obéissez vite à ce mot de licteurs !... Voilà jusqu'où va votre bravoure antique !... Vous voyez, citoyens ! ces infâmes ! ils sont entrés dans ma maison, ont porté ma main à leurs lèvres... Je les ai accueillis à ma table... et ils ont été se placer tout près de moi, comme des amis fidèles... mais c'était pour m'assassiner !... Et quels sont ces hommes ? ont-ils rendu à l'Etat d'illustres services ? ont-ils le droit d'être jaloux de César ? s'il mourait par leurs mains, sauraient-ils continuer ses desseins ?... Non ; moi seul ici connais ces héros, parce que je les vois chaque jour à mes pieds mendier des faveurs !... Mes justes refus ont fait d'eux des patriotes indignés. Oui, vous êtes des conspirateurs, parce que vous n'avez pas réussi à être des courtisans !... Je vous dédaignais, vous avez voulu me tuer !... Ce qui frémit dans vos âmes boueuses, c'est le fiel ignoble de l'envie !... Ce qui vous tient à la gorge, c'est une soif ma-

ladive d'honneurs que vous ne méritez pas... (Un des
sénateurs lève les bras au ciel et va parler, en l'invoquant.) Silence !...
pas de protestations déclamatoires ! Je sais ce que vaut,
à toi, ton patriotisme; car tu as été Pompéien dès le jour
où je t'ai refusé quatre cent mille sesterces !... Toi, je t'ai
ruiné en arrêtant tes spéculations sur les grains d'Afrique,
et en t'empêchant d'affamer à ton gré le peuple romain...
Silence donc ! Ne vous enrouez pas avec des mensonges !... Ne réveillez pas les échos rieurs de ces jardins ; ne parlez ici ni de vertu, ni de liberté... Il y a
des mots sacrés qui, sur vos lèvres, ne seront jamais que
ridicules ; ils appartiennent à une langue étrangère que
vous prononcez avec un accent faux ; ne les profanez pas
devant moi, comme vous le faites quand vous vous
mêlez au peuple... Vous ressemblez alors à ces bêtes
hideuses qui semblent laisser derrière elles une trace
argentée... Approchez-vous : ce sillon brillant n'est que
bave et souillure... Ce n'est pas au peuple que vous
parleriez ici : c'est à moi, à moi, qui n'ai pas voulu vous
pousser du pied l'or que vous imploriez à genoux...
Vous vous plaignez de la fortune immense de mes lieutenants ?... Si je vous avais emmenés en Gaule et en
Egypte, seriez-vous revenus pauvres ?... Il vous sied
vraiment de prétendre relever la vertu, vous les impurs
modèles de tous les vices honteux... Vous auriez demain appelé vos dignes amis au Forum, comme autrefois ; sachez que l'aurore qui se lève sur une nuit de
débauches ne sera jamais l'aurore de la liberté. Il vous
sied de parler aussi de patriotisme, vous qui renouve-
lant l'impiété folle de Catilina, qui valait mieux que
vous, avez pris pour confidents et complices de vos desseins des barbares Gaulois. Vous vouliez que non-seulement Rome, mais que ses provinces, fussent boulever-
sées par votre poignard !.. Ah ! je ne vous surveillais pas,
je le confesse, je n'aurais jamais cru à tant d'impudente
hardiesse ; mais votre secret est venu à moi de lui-même,
parce qu'il y a une fortune de Rome qui empêchera
toujours le succès de pareils desseins ; et aussi parce
que votre attentat aurait déshonoré jusqu'à l'histoire des
assassins, car vous n'êtes pas même dignes de tenir un poignard : je suis arrivé à vous sans armes, mais c'est par
derrière que vous vouliez me frapper ; et de face, vous
n'avez pas osé !.., Je n'aurais qu'à vous livrer à cette
foule, vous ne sortiriez qu'en lambeaux de ses mains ;

les Romains savent que ma mort serait un plus grand malheur pour eux que pour moi... [1] J'empêcherai le peuple d'être juste avec vous, voilà ma tyrannie! Vous voyez, je l'avoue, je suis tout puissant, car vous devriez mourir, et ma volonté seule vous donne arbitrairement la vie. Tous vos complots ne me dégoûteront pas de la douceur; si j'ai voulu être le premier citoyen de Rome, c'est surtout pour avoir le droit d'écraser toujours mes ennemis sous mon pardon. Je vous méprise trop pour vous craindre! Quant à me venger de vous, sachez que César ne se venge pas... La vengeance est la défense des faibles, et je suis fort...

Silence. César s'approche d'un des trépieds dressés devant les lits.

Voici les tablettes où sont inscrits vos noms; le feu les purifiera! (Il jette les tablettes dans la flamme.) Cette cire qui fond entraîne avec elle ma colère. Je ne sais plus vos noms; je souffrirais trop de haïr!... Allez! vous êtes libres!...

Les sénateurs sortent atterrés. César arrête Lucius Æmilius et lui fait signe de rester; puis il se tourne vers la foule tremblante.

Chers amis! ce léger événement ne doit pas interrompre nos fêtes; cette conspiration ne coûtera la vie à aucun citoyen... Une seule mort a été prononcée: c'est celle d'une esclave gauloise, dont quelques paroles saisies au hasard ont permis de surprendre le secret des conjurés; j'ai ordonné le supplice de cette barbare, dont j'ignore même le nom, afin que le crime ne reste pas inexpié. La justice des Dieux sera satisfaite; que vos âmes soient donc sereines!... Je vois déjà les jardins qui s'illuminent: répandez-vous dans ces bosquets où l'on doit vous donner le spectacle de l'incendie de Troie... Quant à moi, permettez que je reste seul... Les soucis de l'Etat n'appartiennent qu'à César, mais à vous les plaisirs sans mélange!...

La foule s'écoule en criant: Vive César!... vive le dictateur!...

Porcius est toujours endormi; POMPONIUS le secoue en vain; enfin il lui dit à l'oreille:

Porcius, la table est servie...

---

[1] J'ai mêlé aux discours de César la plupart des mots que l'histoire lui prête; je ne les signale pas; je laisse le lecteur les reconnaître au passage.

PORCIUS, se levant et regardant Pomponius.

Comme tu as le nez bleu !

POMPONIUS.

Moins bleu que le tien, ivrogne !

PORCIUS, s'en allant.

Je soutiendrai toujours que ton nez est plus bleu que le ciel ! Je l'ai vu en rêve...

Ils disparaissent. La nuit est venue. Les jardins, Rome et le Capitole s'illuminent peu à peu pendant les scènes qui vont suivre.

SCÈNE IV.

CÉSAR, LUCIUS ÆMILIUS. Type de l'ancien Romain; figure maigre et sévère, teint hâlé, rides profondes.

CÉSAR.

Si tu désirais ma mort, Lucius Æmilius, ne pouvais-tu pas attendre que ce corps déjà si fatigué eût fini de se dissoudre?... Je le sais : tu venais ici sans armes, ton bras se refusait au meurtre; mais pourquoi voulais-tu que ton âme y prît part?... Comment le vertueux Æmilius a-t-il pu consentir à s'associer à ces misérables qui, en le voyant parmi eux, ont pu un instant, tout étonnés, croire qu'ils étaient honnêtes?... Comment a-t-il pu approcher la pure flamme de sa pensée de cette torche fumeuse?... Tu m'as fui, et tu vas te mêler à cette bande qui jette sur ta vertu un reflet hideux; et qui la tacherait d'une tache ineffaçable, si la vertu, comme la lumière, ne savait toucher aux plus vils objets sans se salir... Ah ! je mourrai peut-être assassiné : rien ne peut défendre contre un coup de poignard, et la vie d'ailleurs ne vaut plus qu'on la conserve si on se préoccupe constamment de la protéger... Déjà une arme m'a effleuré dans le Sénat... mais si un couteau d'assassin doit me percer, je veux du moins et je mérite qu'il soit d'un métal plus pur, et que le manche n'en soit pas forgé par tous les vices!.. Aujourd'hui, Æmilius, apprends-moi donc sincèrement pourquoi tu me poursuis de ta haine... J'ai été l'un des chefs de la guerre civile, c'est vrai; mais tu sais bien toi-même que toujours je fus provoqué; que le premier sang versé le fut toujours par mes enne-

mis... c'est avec douleur que j'ai franchi le Rubicon, à la
dernière extrémité, pour repousser l'insulte audacieuse,
l'attaque brutale... Quand mes adversaires ont succombé,
j'ai répandu sur leur mort des larmes sincères, et c'est
moi qui ai relevé les statues de Pompée... Le peuple
m'a accordé le pouvoir suprême : je suis le seul Romain qui n'en ait usé que pour le bien de l'État, et non
pour ses vengeances... Et pourtant, si j'avais voulu me
souvenir !... Que de souffrances à faire expier !... Mes
épreuves ont commencé avant même que je ne fusse
sorti de l'enfance... Je n'avais pas dix-huit ans que déjà
mes biens étaient confisqués; je fuyais de Rome, pros-
crit; ma tête était mise à prix; moi, descendant des
rois et des dieux, je ne marchais que la nuit, comme un
voleur, sans toge, comme un esclave, pour ne pas être
tué... Je passais mes jours caché dans les joncs des marécages, les pieds enfoncés dans la fange; fiévreux,
épuisé, je me sentais mourir... Voilà comment je suis
entré dans la vie publique! Qui s'est aperçu de ce
passé? Ai-je, comme Sylla, couvert les colonnes du Forum d'affiches de proscription? Ai-je, comme lui, tué avec
des bons mots, et jeté impunément le sel attique sur le
sang que je versais ?... Tu sais bien que j'ai surpris le
monde par ma douceur, et personne ne peut se lever
dans Rome pour m'accuser de cruauté. Je n'ai rien
fait qui puisse me rendre odieux. Pourquoi donc cons-
pires-tu?... Ah! puisque tu as consenti une fois à franchir le seuil de ma porte, oublions pourquoi tu es venu;
parle-moi à cœur ouvert, et dis-moi enfin pourquoi tu
me détestes tant !...

ÆMILIUS.

César, tu sais affronter la mort avec une majesté vraiment romaine, et jamais peut-être âme plus grande ne
fut souveraine dans Rome ! Oui, je te déteste, mais je
t'admire aussi; et dans mon âme étonnée luttent dou-
loureusement la haine et l'amour... Puisque tu le veux,
oublie donc mes desseins... Je ne tromperai pas ta gé-
nérosité; mais si je ne peux plus être ton ennemi mortel, laisse-moi alors me jeter à tes pieds et t'implorer...
(Il se jette à ses genoux.) Je suis un suppliant qui te demande
à genoux, au nom de tous les Dieux, de quitter ce chemin fatal où tu cours si vite, entraînant derrière toi
Rome et l'univers...

CÉSAR, le relevant.

Relève-toi... Je ne comprends pas... Ces obscures paroles...

ÆMILIUS.

Je dirai tout en un mot. César, tu es dictateur perpétuel ; demain, en descendant de ton char de triomphe, dépose la dictature...

CÉSAR, froidement.

Cette dignité m'a été donnée par le Sénat et par le peuple ; seuls ils pourraient me l'enlever...

ÆMILIUS.

Ah ! tu le vois ; tu résistes à ma prière... J'avais donc raison dans ma haine !... Ecoute-moi, César. Jadis, quand nous étions heureux d'une victoire de nos légions, d'une gloire nouvelle de Rome, nous sentions naître en nous un sentiment profond d'amour, d'adoration religieuse pour une majestueuse image qui nous apparaissait sans forme saisissable, et cependant éblouissante et douce à nos cœurs ; c'était la sainte et immortelle image de la Patrie ! Divinité cachée et toujours présente, devant laquelle nous nous prosternions fièrement, car nous nous sentions grandir en nous courbant devant elle... César ! du sanctuaire inviolable de notre âme, tu veux arracher cette statue sacrée et mystérieuse pour y substituer la tienne !... (Geste de César.) Ah ! tu le nierais en vain : je te la vois sculpter tous les jours... Oui, tu veux incarner la patrie dans un homme ; tu veux que ce soit devant ton front rayonnant de lauriers que nous inclinions le nôtre, dépouillé de sa fierté... Défiant la colère du Ciel, tu oses avoir dans Rome un temple et des prêtres... On se dispute l'honneur d'être ton Flamine, et chaque jour des sacrifices te sont offerts en même temps qu'aux Dieux immortels... On s'agenouille devant ta statue d'or ! Ah ! César, repousse ces hommages, moins déshonorants encore pour nous que dangereux pour toi, car celui qui a tous les pouvoirs a bien vite tous les vices... Si tu aimes Rome, et comment ne l'aimerais-tu pas, elle qui t'a prêté le monde à gouverner, ne renverse pas les faisceaux consulaires... ne tranche pas ces mille réseaux par où montait sans cesse, du cœur et des entrailles du peuple jusqu'à la magistrature suprême, une sève divine... ne détruis pas ce qui seul, d'un amas d'hommes fait un

peuple : la jouissance en commun de nobles émotions...
ne crée pas dans notre ville l'isolement universel!... Ne
nous désintéresse pas de la vie!... Nos lois antiques,
inspirées par les Dieux, étaient des attaches que Rome
avait avec le Ciel ; ne les brise pas pour suspendre nos
destinées au fil misérable de la vie d'un mortel, car ces
funérailles de notre liberté seraient les funérailles de
notre puissance...

CÉSAR, froid et ironique.

Je ne crois pas que César, jusqu'à ce jour, ait dimi-
nué la puissance romaine. Chaque fois que je suis revenu
à Rome, j'y suis rentré avec une province nouvelle dans
chaque main... Nos frontières flottaient dans la révolte,
j'ai rétabli leur solidité... Quant à la ville elle-même, est-
ce à toi que je rappellerai ce qui s'y passait?... L'émeute
se dégradait chaque jour davantage... elle n'avait plus
pour armée que la populace, pour chefs que des scélérats... Nous étions réduits à fortifier nos maisons!..
J'aime les anciennes agitations du Forum, d'où jaillissaient
les lois salutaires; mais ces nobles palpitations de la
liberté avaient été remplacées par les honteux délires de
l'anarchie... la tribune était plus souillée qu'un étal de
boucher! Seul j'ai su mettre un terme à ces folies sanglantes, et c'est à mon bras que Rome et l'univers doivent leur paix profonde... L'axe du monde, tordu et
faussé par les coups d'épée de fous furieux comme Sylla
et Pompée, a retrouvé enfin sa direction et son appui,
quand ma main, le saisissant, a posé son milieu sur
l'autel du Capitole, et ses deux extrémités à nos frontières... La race humaine est sortie du rêve sanglant
où elle s'épuisait... Les champs de l'Italie, où sont ensevelis les ossements de nos pères, n'ont plus senti avec
horreur pénétrer dans leur sein la pluie de pourpre
dont nos armes impies l'inondaient sans pitié, et le soleil
a pu de nouveau traverser le ciel sans être forcé de
souiller ses divins rayons dans des lacs fétides de
sang!... Voilà ce que j'ai fait!...

ÆMILIUS.

Oui, César, ta volonté, seule maîtresse, a su accomplir
ces miracles, et c'est là ce qui sépare le passé du présent;
autrefois, l'œuvre dont tu t'enorgueillis eût été accomplie
non par un citoyen, mais par le Sénat tout entier...

CÉSAR.

Ah ! voilà ton secret qui t'échappe ! Ce que vous appelez la liberté, au Sénat, c'est le retour de votre puissance !...

ÆMILIUS.

Le Sénat, élite des magistrats choisis librement par les citoyens, n'est-il pas le représentant suprême et légitime du peuple romain ?...

CÉSAR.

Vous le dites, moi j'affirme qu'il en a toujours été l'ennemi implacable... Qu'est-ce donc que l'histoire de notre Rome, sinon la lutte éternelle du Sénat et du peuple ? On ferait plutôt jaillir une source d'une colonne de bronze qu'un sentiment de pitié de vos cœurs égoïstes !... Le peuple vous a arraché tout ce que vous lui avez donné, et tous ses protecteurs ont été vos ennemis !... Vous avez tué les Gracques, et vous voulez me tuer aujourd'hui, parce que je suis leur successeur, parce que je suis le neveu de Marius, parce que je suis le défenseur des pauvres, parce que je veux leur rendre les terres que vous leur avez volées, parce que je veux dépouiller de son or votre assemblée de rois cupides... Rome, avec raison, préfère un seul maître... Elle sait que Périclès a rendu Athènes plus heureuse que les trente tyrans !...

ÆMILIUS.

Oh ! ce n'est pas à Athènes seulement que tu vas chercher tes modèles ; ton mauvais génie, hélas ! t'entraîne plus loin, vers l'Orient corrupteur ; tu vas, malgré toi, vers l'Asie, cette patrie naturelle de tous les despotismes, cette mère féconde de tous les avilissements... Ce ne sont plus seulement les religions lubriques de cette terre de volupté et d'esclavage qui viennent lutter contre notre culte austère et pur : tes amis transportent dans notre Rome des satrapies tout entières ! N'avons-nous pas vu Antoine, ton favori, ton lieutenant, paré de la robe de soie bariolée, déguisé en Hercule, traîné par des tigres, nous donner le spectacle public des Bacchanales ?... Renversons donc l'autel de Jupiter très grand et très bon, et dressons un temple à Bélus et à Astarté !... Sculptons sur le Capitole les idoles monstrueuses des Chaldéens ! Livrons-nous aux débauches sacrées !... Ah! en assistant

10

à ces hontes, à ces orgies audacieuses, ce n'est plus de la colère qui me saisit, c'est je ne sais quelle prostration muette qui est pire que la mort : nous n'avons plus qu'à nous couvrir le front de cendres, à en remplir notre gorge, et à rendre aux Dieux une âme désespérée!...

CÉSAR.

J'ai blâmé Antoine... suis-je responsable des fautes de ceux qui m'entourent?

ÆMILIUS.

Oui, César, et tu le seras aussi des crimes de ceux qui te succèderont!... Je pressens pour Rome, après toi, je ne sais quel avenir de monstres...Je recule effrayé devant je ne sais quelles visions sanglantes; il me semble apercevoir l'univers attaché à une chaîne de fous! Déjà, dans Rome, on ne parle plus qu'à demi-voix; le rêveur se réveille en sursaut, effrayé de la hardiesse de son sommeil, et l'on entend grandir dans l'ombre la race venimeuse des délateurs. Déjà, nous sommes prêts à laisser tout passer, quand même ce qui passe devrait nous passer sur le corps... La dignité humaine va-t-elle s'évanouir pour plusieurs siècles? Est-ce une longue nuit qui commence?... Serais-tu l'Apollon des ténèbres?... César veut-il la gloire d'avoir inauguré l'avilissement du monde?... Non, j'en jure par son admirable génie! il nous rendra, avec la paix, les lois qui nous firent les maîtres du monde, et Rome retrouvera ses vieilles mœurs!

CÉSAR, légèrement dédaigneux.

Les vieilles mœurs!! elles étaient si vieilles, Æmilius, qu'elles sont mortes; et quand les mœurs d'un temps s'en vont, elles entraînent les lois avec elles!... Ecoute-moi à ton tour, Æmilius. Ta vertu même t'a empêché d'acquérir l'expérience nécessaire à l'homme d'État... tu as vécu comme un citoyen d'autrefois, dans tes champs, à ton tribunal ou dans les camps ; ce n'est pas là que tu pouvais apprendre à connaître notre Rome, c'est en te mêlant aux partis, et tu les as toujours fuis... jusqu'à ce complot... mais n'en parlons plus... Pendant que tu restais par la pensée dans des siècles disparus, moi, je me mêlais aux flots vivants de notre génération, et c'est là que j'ai appris à ne pas garder pour les habi-

tudes de nos ancêtres le respect exagéré, habituel à
Rome; il nous entraînerait à maintenir des traditions
funestes qui causeraient notre ruine... Nous ne sommes
plus au temps où, du haut de nos collines, nos
consuls apercevaient toutes nos frontières : Rome est
aujourd'hui l'univers. Nos anciennes magistratures
étaient calculées sur la taille d'un enfant ; cet enfant
est aujourd'hui un géant : il faut que la puissance suprême soit immense comme lui. Depuis cent ans que
nous vivons dans la guerre civile, le consulat annuel et
partagé, trop mesquin pour notre République, n'existe
plus que de nom... Rome n'a donc plus de gouvernement, et c'est dans les convulsions les plus atroces
qu'elle cherche ses nouvelles lois... Je crois les avoir
trouvées... En quelques mots, je te les dirai... La
puissance publique a toujours été dispersée, et, par
suite, en lutte avec elle-même. Créer une magistrature
qui concentre et résume...

AEMILIUS, interrompant César.

Dis-moi seulement : dès que tu auras promulgué ces
lois nouvelles qui doivent nous sauver, déposeras-tu la
dictature?

CÉSAR, froidement.

Depuis ma naissance, j'ai vu le pouvoir souverain aller d'une main à l'autre; j'ai attendu avec une patience
infinie qu'il vînt dans la mienne; il y est arrivé; elle ne
le laissera échapper que le jour où le froid de la mort,
pénétrant dans mes doigts, les rendra inertes pour jamais!...

AEMILIUS.

Ce mot me suffit. Adieu, César. Je ne vivrai pas dans
ta Rome nouvelle, car je ne pourrais pas respirer le
souffle que tu y répands et qui nous empoisonne doucement...

CÉSAR, un peu irrité.

Loin de le corrompre, j'ai rendu l'air de Rome plus
pur, car j'ai chassé les vapeurs de sang qui s'élevaient
chaque jour de ses rues et de ses places!

AEMILIUS.

L'odeur des lâchetés est plus repoussante encore que
l'odeur du sang humain...

CÉSAR.

Tu ne pourras me comprendre, Æmilius, si tu juges mon œuvre les yeux attachés au passé, car moi, je construis le regard tourné vers l'avenir... Tu compares avec ce qui fut, et ce que je veux établir n'a jamais été. Tu ne peux me comprendre...

ÆMILIUS.

Non, je ne peux pas!... César, je souhaite pour le salut du monde que ton génie ne te trompe pas. Prolonge heureusement tes jours! Que ton laurier triomphal écarte la foudre, comme il en a la puissance, sans alourdir ta paupière et assoupir ta raison, comme on dit aussi qu'il le fait parfois... Pour moi, une autre destinée m'est prescrite. Je ne suis qu'un honnête homme, qui se sent malgré lui profondément triste, et qui ne peut plus penser à sa patrie sans que son cœur ne se serre... sans que des larmes ne mouillent ses yeux... J'ai tort, sans doute, d'avoir survécu à mon temps ; je me punirai de ma faute... Je suis un débris qu'il faut balayer de votre cité toute neuve !... J'ai conspiré contre toi, je mérite un châtiment ; tu m'as pardonné : mais moi, je serai plus sévère... tu ne me trouveras plus sur ton chemin...

Entre UN ESCLAVE, accompagné de Celtill sans chaînes.

César, je t'amène ce Gaulois que tu as ordonné de conduire ici.

L'esclave s'incline et se retire au fond de la terrasse.

ÆMILIUS, regardant Celtill avec mépris.

Voici déjà un de mes héritiers, tout prêt à me remplacer !... Tu as raison, César, de préférer ces jeunes barbares aux vieux Romains... c'est là encore une de tes lois nouvelles auxquelles mon âme ne saurait s'habituer ; je te laisse vivre avec tes Gaulois et prostituer notre laticlave à des épaules qui devraient rougir sous les coups du fouet... Ah ! la vieille Rome est bien morte, puisque l'étranger n'est plus un ennemi !...

CÉSAR.

Le monde me remerciera d'avoir le premier renié la dureté romaine.

ÆMILIUS.

Cette dureté était plus saine que la mollesse de notre

siècle. Tout ce qui est pourri est tendre !... Si nous étions durs pour autrui, nous l'étions aussi pour nous. Quand les Romains de l'ancien temps croyaient qu'ils ne pouvaient garder la vie sans honte, ils tiraient leur épée, et fermant les yeux, ils se précipitaient sur sa pointe. C'est ainsi que je vais faire. Adieu ! Mon épée est prête depuis longtemps, et je l'ai trop fait attendre ! J'ai mérité l'exil : je m'exile dans la mort.

Il sort.

SCÈNE V.

CÉSAR, CELTILL.

CÉSAR. Quand Æmilius est sorti, César a semblé un instant vouloir le retenir, mais il s'est arrêté, et son geste a dit : Qu'il soit donc fait ainsi, puisque tu le veux ! Puis il est venu vers Celtill, et après l'avoir contemplé un instant :

Fils de Celtill, tu as entendu ce que disait ce vieux Sénateur; il appelait les Gaulois ses héritiers, et il ne se trompait pas !... Si j'ai ouvert ce soir les portes de sa prison au défenseur d'Alésia, c'est pour lui ouvrir en même temps les portes du Sénat romain. Depuis six ans, tu as cru peut-être que je t'oubliais... Non ! César n'oublie personne, et Celtill moins que tout autre !... Mais après la conquête de la Gaule, il m'a fallu conquérir le monde... Pour te rappeler en ma présence, j'attendais l'heure où je pourrais, maître absolu de mes actions, te proposer un choix solennel qui décidera du reste de ta vie. Cette heure est venue. J'ai voulu, pour terminer les fêtes que je donne au peuple romain, m'en donner une à moi-même en offrant un entier pardon au plus fier et au plus généreux de mes ennemis ! Demain, je célèbre mon triomphe : tu peux y paraître en Romain, auprès de moi, à cheval, couvert de notre toge, ou bien en Gaulois, derrière mon char, à pied, chargé de chaînes. Je t'ai offert d'être roi de ton pays avant sa soumission : aujourd'hui je t'offre plus encore, en te nommant Sénateur romain. Entre le supplice et la pourpre, que préfères-tu ?

CELTILL, après un silence.

Je préfère la mort, et j'espère que les Dieux exauceront bientôt ma prière !

CÉSAR.

Te retrouverai-je tel que je t'ai quitté, et le temps n'a-t-il pas adouci ton âme intraitable?

CELTILL.

Crois-tu que la haine soit une plante qui dépérisse à l'ombre des cachots? Non, elle y pousse plus de racines encore qu'à la lumière du jour!

CÉSAR.

Si je t'ai laissé dans cette prison, Celtill, c'était pour ton salut... J'ai ainsi protégé ta vie contre le Sénat jusqu'à ce que je fusse le maître; car à moi seul, dans Rome, peut venir la pensée de faire grâce à un Gaulois tel que toi!

CELTILL.

Je repousse ta grâce... je n'en ai pas besoin... Bientôt je serai libre sans toi!

CÉSAR.

Tu ne veux pas parler de ta mort, et je devine ta pensée secrète, car sur les tablettes d'un Gaulois, j'ai lu tout à l'heure ton nom... Les conjurés ont fait pénétrer sans doute au fond de ta prison leurs projets de révolte... Apprends donc de ma bouche que leur lâche dessein a misérablement échoué, ici même... il n'y a qu'un instant.... Rome ne sera pas troublée et la Gaule restera soumise!...

CELTILL, à part, accablé.

O mes espérances!... adieu pour jamais!... Je n'ai plus maintenant qu'à mourir le front haut!...

CÉSAR.

Pourquoi cette tristesse subite?... La liberté tranquille que je t'offre n'est-elle donc pas préférable à la liberté périlleuse que ma mort t'aurait peut-être donnée?... Au lieu d'aller dans tes forêts réveiller péniblement une guerre incertaine, ne vaut-il pas mieux t'asseoir sur les bancs glorieux du Sénat romain?... Je t'offre plus encore que cet honneur pourtant si envié, je t'offre l'amitié de César, qui a conservé pour Celtill une invincible affection... Oui, une sympathie irrésistible m'attire encore vers toi, et je veux triompher de toutes tes résistances.

J'y réussirai, car si tu me détestes, c'est que tu me regardes comme l'ennemi de la Gaule... j'ai été obligé de la vaincre ; mais crois-moi, Celtill, j'aime la Gaule autant que toi-même, et bien loin d'être ennemis, nous sommes frères ! Tous deux nous voulons travailler à sa grandeur : travaillons ensemble, nous travaillerons mieux ! Oh ! tu ne sais pas combien ton amitié me ferait de bien, toi qui as l'âme si franche, si ardente et si pure ! Tu penses sans doute que la domination du monde rend César heureux ! Hélas ! pendant ces six ans qui viennent de s'écouler, tu as eu bien moins d'ennuis dans ta paisible prison que je n'ai eu de dégoûts à la tête de mes légions victorieuses ! J'ai parcouru l'univers des bords du Phase aux colonnes d'Hercule ; j'ai passé sous dix mille arcs de triomphe ; cent nations ont baisé mes genoux ; j'ai là, devant l'esprit, le tableau mouvant du monde entier... Je vois les plaines d'or de l'Égypte et les noires montagnes de la Thessalie, les villes de marbre de la folle Asie et les austères profondeurs de vos forêts, mais toutes ces immensités me paraissent vides, car un homme pour m'aimer sincèrement, un bras pour m'appuyer avec joie et confiance, je ne l'ai trouvé nulle part !... L'esprit de mes lieutenants est aussi étroit que leur cœur est pauvre... pas un n'est capable de comprendre mes vastes pensées... ils croient m'obéir et m'irritent chaque jour par leur conduite imbécile ou cruelle... Je suis las de leur servile emphase et de leur insatiable cupidité... ils ont soulevé l'horreur contre moi... ils ont presque déshonoré mon parti... Dans un moment de lassitude et de désespoir, j'ai renoncé à tous mes desseins ; je n'ai plus mis les forces de mon corps et de mon âme que dans la volupté ; sous le ciel embrasé de l'Égypte, dans cette fournaise allumée par Vénus, j'ai tout oublié et j'ai jeté loin de moi les rênes du monde... elles sont revenues d'elles-mêmes, malgré moi, dans mes mains ; l'obstination de la victoire à me poursuivre m'a réveillé de mon engourdissement, et cette fatalité de bonheur m'a prouvé que j'étais nécessaire au monde... Vingt fois, en effet, j'ai marché au devant de la mort, elle a toujours reculé devant moi ; je la brave, je la défie, je l'insulte... elle s'enfuit... Le sommeil éternel ne veut pas fermer ma paupière... Écoute donc docilement ma voix, c'est celle d'un favori des Dieux ! Entre dans mon nouveau Sénat, qui a besoin d'âmes neuves comme la tienne. Ce n'est plus une assemblée de tyrans comme autrefois; ce sera bientôt l'élite du monde entier... Mille députés, venus de toutes les provinces, y délibèreront avec moi sur le gouvernement de l'univers...

CELTILL.

Non, César, je veux mourir... J'attends maintenant mon supplice avec impatience!.. Je n'ai plus rien qui m'attache à la terre... puisque tu vis! Ordonne ma mort... Je n'entrerai pas dans ton Sénat... Qu'y viendront faire les Gaulois entraînés à cette lâcheté séduisante?.. Que pourront leurs voix sur les décisions de mille sénateurs votant sous tes regards? Elles donneront simplement l'apparence de la légalité à la dégradation de leur pays. C'est à peine si nous parlons votre langue... et au milieu de ces Romains qui nous haïssent, bien plus, qui nous méprisent comme des barbares, parce que nous n'avons ni cirques, ni gladiateurs, nous n'apparaîtrons que pour être raillés. Tu voudrais nous mettre des masques ridicules sur le visage pour nous faire prendre un rôle dans la comédie que tu joues!... Que d'autres consentent à ce jeu que tu paies largement; pour moi, je resterai ce que je suis : ton ennemi à visage découvert! Tu te vengeras en me tuant; je te dirai merci, et je rendrai mon dernier soupir sans être inquiet pour ma patrie, car elle se lèvera comme un coursier sauvage le jour de ta mort; dès qu'elle ne sentira plus tes éperons féroces enfoncés jusqu'à son cœur, avec la respiration lui reviendra la force et un second cavalier ne la domptera pas!

CÉSAR.

La Gaule n'est plus ce qu'elle était à l'heure de la lutte... Elle ne se plaint pas...

CELTILL.

Parce que tu lui mets la main sur la bouche! Lève-la, et ses sanglots se mêleront à ses cris de vengeance...

CÉSAR.

Non, Celtill, la Gaule sait maintenant combien notre conquête est bienfaisante; à ta patrie, comme au monde, j'ai fait une féconde violence; j'ai mis fin aux luttes de vos tribus, et la Gaule, pour la première fois, est en paix...

CELTILL.

La paix règne facilement là où il n'y a plus qu'un désert!

CÉSAR.

Les désastres de la guerre sont oubliés et la fertilité a reparu plus puissante qu'autrefois, car partout où les légions de César passent, elles laissent, comme le Nil, des trésors de vie derrière elles. Les ravages passagers disparaissent, l'empreinte ineffaçable reste; et c'est pour l'étonnement et le bonheur de la postérité... Dans vingt siècles encore, la Gaule contemplera avec respect les vestiges sacrés de notre séjour, car j'ai fermé l'ère des proconsuls; et les magistrats romains, appliquant une loi partout égale, ne seront plus pour les provinces que des protecteurs et des pères!..

CELTILL.

Je ne crois pas à votre douceur, même dans l'avenir. Tout ce qui est en dehors des frontières de l'Italie, vos meilleurs citoyens le considèrent comme une proie naturelle. L'éloquent accusateur de Verrès, Cicéron, le plus honnête homme de Rome, a défendu avec la même éloquence ce Fontéius, qui nous a pillés presque aussi impudemment que toi!.. Quant à ton amour pour les provinces, je l'ai vu toujours plus cruel que la haine la plus impitoyable!..

CÉSAR.

La guerre imposait ses nécessités...

CELTILL.

Il n'y a jamais de nécessaire que la justice...

CÉSAR.

Elle règnera désormais. Ma vie passée te répond de ma sincérité, car je ne fais aujourd'hui qu'accomplir un vœu de ma jeunesse... Il y a trente ans, quel fut mon premier acte de citoyen? d'attaquer en justice Dolabella qui avait dépouillé la Macédoine, et tu as entendu tout à l'heure les outrages de ce sénateur resté fidèle aux vieux usages que je veux détruire. Je pardonne aux Romains leur aveuglement; du Forum, ils ne peuvent voir que le revers de mes pensées; mais vous, de vos provinces, vous en apercevez la face lumineuse, et vous devriez vous agenouiller devant moi, car je suis votre sauveur!

Ce que l'ancienne Rome détruisait avec jalousie, la nouvelle l'embellira avec amour. Déjà, à Carthage, à Corinthe, à Capoue, j'ai relevé des ruines d'où sortaient contre nous des voix accusatrices et suppliantes... ces villes ressuscitées sont devenues des autels élevés à la clémence... Ce que j'ai fait en Grèce, en Italie, je le ferai en Gaule...

CELTILL.

Si tu veux tant de bien à la Gaule, rends-lui son indépendance !...

CÉSAR.

Vos fleuves épars sont partout bordés de marécages ; je leur tracerai un lit, et sur leurs rives immuables grandiront des cités splendides !..

CELTILL.

Donne-leur l'indépendance !

CÉSAR.

Je rapprocherai les tribus par des ponts bâtis comme les Romains savent bâtir, pour l'éternité. Vos rivières étonnées viendront dans vos villes, à travers les airs, apporter docilement leurs eaux par des routes suspendues sur mille colonnes de marbre. J'enrichirai tous vos rivages en y creusant des ports immenses où s'entasseront les trésors du monde entier...

CELTILL.

Donne-leur l'indépendance !..

CÉSAR.

Je couvrirai votre sol de routes de granit qui courront partout, descendront dans les plus humbles de vos vallées, graviront jusqu'au sommet de vos montagnes... En un mot, je ferai de la Gaule la rivale de l'Italie ; et des villes qui m'ont le plus résisté, des sœurs de Rome !

CELTILL.

Tu te trompes étrangement, César, dans tes bienfaits !.. Tu ne nous donnes pas ce que nous voudrions, et ce que tu nous donnes, nous n'en voulons pas... Nous ne portons nulle envie en Gaule à votre Rome, prison de pierre où nous ne pouvons respirer, où l'on voit vos citoyens offrir chaque jour en tremblant d'inutiles sacrifices à la

Fièvre, dans trois temples toujours pleins... L'air de vos rues malsaines est non-seulement impur pour nos lèvres, mais corrupteur pour nos âmes... O Vierges de nos tribus ! vous dont l'âme exhale un souffle aussi frais que l'haleine de nos vallées, oh ! fuyez, fuyez toutes, loin de ces portiques où rôdent tous les vices !.. S'il en est une parmi vous qui soit errante dans ces murailles, triste et seule, qu'elle ne perde pas un jour, une heure ; qu'elle fuie ! (Plus bas, très ému.) Fuis la première, sœur adorée, ô toi dont je prononcerai demain le nom dans les cieux !.. (Il s'arrête un instant, et regardant tout à coup César, reprend d'une voix lente et grave :) Non ! nous ne voulons pas que vous touchiez au sol sacré de notre patrie !... Nous trouvons la terre plus belle telle que les Dieux l'ont faite, et nous laissons à nos collines et à nos plaines leurs plis naturels, plus nobles et plus doux au regard que ces formes imposées par la main des hommes, qui altèrent et profanent l'expression sereine de la divine nature... A votre Tibre, dont vous enfermez entre des murs noircis la bourbe jaunâtre, nous préférons nos fleuves immenses et limpides, qui tantôt laissent errer librement au milieu des prairies en fleurs leurs vagues frémissantes, tantôt roulent paisiblement la masse tranquille de leurs eaux sous les voûtes épaisses de nos forêts... Combien vos temples sont misérables à côté des nôtres, qui ont pour voûte le ciel et nos montagnes pour colonnes, colonnes de porphyre et de lave, dont les blancs chapiteaux sont les neiges éternelles !.. Une clairière silencieuse au sein d'une forêt impénétrable, voilà notre Forum, plus majestueux que le vôtre !.. Notre Capitole, c'est le plus sublime de nos volcans, autel qui fume sans cesse et qui, la nuit, s'illumine avec plus de splendeur que ce rocher étroit et ténébreux !... (Il montre le Capitole illuminé.) Vos chemins de granit, nous les détestons, car vous couvrez sans cesse la Gaule de ce réseau, comme l'araignée augmente les fils de sa toile pour courir plus vite à sa proie... C'est un filet que vous avez jeté sur nous pour nous enlacer, et ces blocs énormes, nous voudrions les arracher avec nos ongles, car la mort et non le bonheur les a suivis cent fois avec vos légions !... Vos lois enfin, si vantées, nous les maudissons : à une règle écrasante nous préférons le désordre... En un mot nous exécrons tous vos présents, parce que nous trouvons notre Gaule sauvage plus belle que votre Italie fardée, parce que nous n'avons que de la haine pour cet énervement que vous appelez civilisation !...

CÉSAR.

Insensé !.. Cette haine aveugle vous rend faibles, impuissants, et c'est ainsi que vous restez les derniers des peuples !

CELTILL.

Si tu nous méprises tant, pourquoi vouloir nous commander ?

CÉSAR.

Je vous estime, au contraire, puisque je veux que vous renonciez à vos mœurs de barbares, que vous quittiez vos solitudes, votre religion farouche...

CELTILL.

Sur nos autels de pierre coule moins de sang que sur le sable de vos arènes...

CÉSAR.

Puisque je désire que vous montiez au premier rang des nations...

CELTILL.

Si tu nous estimes tant, pourquoi vouloir nous asservir ?

CÉSAR.

Rome s'est asservie à la Grèce volontairement, et ne s'est pas crue déshonorée. Il y a six siècles, nous étions comme vous de durs montagnards couverts de sayons, ignorants et dédaigneux comme vous... La Grèce alors nous a tendu la main, et nous l'avons acceptée. Pourquoi, à votre tour, ne pas accepter la nôtre ? Toi, Celtill, dont je me plaisais tant, quand tu étais enfant, à ouvrir et à orner l'esprit si pénétrant, si vif, déjà tu serais digne de vivre au milieu de nous la vie véritable, et de goûter les nobles plaisirs que vous vous condamnez obstinément à ignorer... Ton âme n'a-t-elle donc jamais été secrètement attirée vers les mystères de nos arts ? Suivre d'un œil ravi les délicates finesses d'un contour de marbre ; laisser longtemps son regard errer sur les membres moelleusement ondulés des filles de Praxitèle ; se promener sans cesse au milieu de ce peuple de Dieux

que le génie grec a fait descendre du ciel, et peu à peu
se croire l'un d'eux; se nourrir d'une ambroisie délicieuse inconnue au vulgaire, qui pénètre par tous les
sens, et nous donne réellement l'ivresse que les poètes
ont seulement rêvée quand ils ont raconté les plaisirs de
l'Olympe : voilà une des mille émotions qui t'attendent,
un des mille bonheurs que Rome seule possède, et qu'elle
veut partager désormais non-seulement avec vous, mais
avec tous les barbares qu'elle élèvera à la vie par la conquête...

CELTILL.

Votre empire doit-il donc s'accroître encore?

CÉSAR.

Oui, avant de fermer le temple de Janus et de proclamer la paix universelle, il faut que je venge Crassus!
J'écraserai les Parthes; et conduisant les légions sur
les chemins suivis par les phalanges d'Alexandre, je
m'avancerai comme lui en triomphant jusqu'au Gange;
et de là, revenant sur mes pas par la Germanie et la
Gaule, j'aurai fait voir nos aigles à toutes les nations
qui doivent un jour reconnaître Rome pour maîtresse...

CELTILL.

Où donc avez-vous fixé les limites de votre empire?

CÉSAR.

Aux limites du monde.

CELTILL, un peu ironique.

Ce sont de vastes espaces qui vous en séparent encore...

CÉSAR.

Rome n'a que sept cents ans d'existence...

CELTILL.

Et combien de temps durera-t-elle?

CÉSAR.

Toujours.

CELTILL, avec un dédain railleur.

En Gaule, j'aurais peut-être ajouté foi à ces paroles,
et j'aurais été dupe de ton assurance hautaine, mais je
connais ta ville, maintenant, César!... je n'ai plus sur

elle les illusions de l'éloignement... Autrefois, je croyais naïvement votre vertu l'égale de votre orgueil; je suis, par bonheur, détrompé... J'ai passé six ans sous votre Capitole : je sais sur quoi il repose, et je ne sens plus pour vous que de la pitié. Dans cette prison où tu m'as laissé pour attendre tes faveurs, j'ai vu, attachés aux anneaux de fer voisins du mien, tous les chefs des partis qui vous déchirent, et qui m'ont livré tour à tour vos secrets; tes ennemis y sont descendus aussi pour m'apprendre combien ton pouvoir était détesté, et chaque jour je me consolais en écoutant les malédictions qui tombaient sur ta tête; car dans les prisons, malgré toi, la parole est restée libre et les cœurs s'épanchent encore; sans le vouloir, tu m'avais mis dans le seul endroit de Rome où je pusse entendre la vérité. C'est en vain que, dans la foule des chevaliers et des sénateurs qui ont passé devant moi, j'ai cherché le Romain que nos imaginations redoutaient autrefois; j'ai vu avec étonnement que ce fier citoyen n'était qu'un souvenir effacé... A mesure que votre empire s'agrandissait, vos âmes se sont rétrécies et vos cœurs vides ne palpitent plus que de lâches désirs... Vos citoyens, esclaves de la veille, fiers d'avoir reçu le soufflet qui leur donne les droits de l'oisiveté, se montrent dignes dans toute leur vie de l'affront humiliant qui l'a commencée... Chaque flot d'hommes qui a passé par Rome y a laissé sa lie; et de tous ces débris impurs s'est formé ce mélange corrompu que l'on appelle le peuple romain, peuple de boue trempée de sang. Voilà ce que vous appelez la capitale de l'univers, et qui n'en est que l'égout. C'est là que sont les abîmes de l'âme, les vices gigantesques qui donnent le vertige... C'est là que trois cent mille mendiants, sous le nom de citoyens, viennent ramasser deux fois par jour, avec orgueil et colère, un pain que vous leur jetez pour endormir la rage qui couve inutilement dans leurs âmes inertes... Et ce pain souvent vous manque à vous-mêmes, car votre vieille Italie est stérile ! Chaque matin, vous attendez avec anxiété les vaisseaux qui vous apportent votre blé... une tempête est une disette; les vents jouent avec votre pain qui roule à leur gré sur les flots... Dans notre Gaule si méprisée, le pain que nous mangeons est fait d'un blé que nous avons semé et que nous avons vu grandir... Le récolter paisiblement, c'était tout le désir des Gaulois, dont l'âme simple et pure remerciait les Dieux chaque matin sans leur rien demander. Mais, dans votre ville, vous aviez faim... et vous avez franchi les Alpes pour nous voler notre pain ! Fils légitimes de brigands, vous avez respecté les traditions de rapines de vos ancêtres : c'est toujours pour autoriser quelque vol que vous avez déclaré la guerre aux nations, mais elles se lèveront un jour !...

CÉSAR.

Elles se lèveront pour retomber !... Rome est sortie du cœur de l'Italie, cœur du monde, pour donner ses lois à toutes les races ; c'est là l'œuvre romaine annoncée par les oracles, et rien ne peut empêcher son accomplissement.

CELTILL, ironique.

Si c'est là l'œuvre romaine, l'œuvre romaine n'est pas encore commencée, car, à vos portes mêmes, vos lois sont repoussées avec fureur ! Hier encore, vous combattiez pour votre existence ; les Marses vous faisaient trembler, et il vous fallait un Sylla pour les écraser avant qu'il ne vous écrasât vous-mêmes. Vous croyez que le monde vous appartient, parce que vous l'avez parcouru en le ravageant ; le monde n'est pas plus à vous que l'Océan n'est à la tempête de la veille ; ses nations ne vous sont attachées que comme le supplicié l'est au gibet... Enlevez vos légions un matin, les peuples vous auront échappé le soir, et vous n'aurez pas laissé sur eux plus de traces fécondes que l'ombre des nuages n'en laisse sur les flots... Vous êtes campés partout, nulle part établis ; quant à être aimés, vous ne le voulez pas !... Cette mer elle-même qui vous entoure, et qui bat presque les murs de votre ville, vous l'appelez votre mer, mais elle n'est pas à vous, elle est à ces pirates qui, chaque jour, viennent dans vos villas vous ravir vos jeunes filles et vos enfants ! Toi-même, le prétendu dictateur du monde, tu as été leur prisonnier, tu t'es racheté d'eux ; et c'est toi qui parles cependant de faire des conquêtes nouvelles à l'extrémité de l'Asie !... O orgueil ! tu es la seule force de Rome !...

CÉSAR.

Aucune puissance du monde ne peut mettre sur pied des armées aussi nombreuses que les nôtres, voilà notre

force, et malgré les révoltes passagères, elle triom-
phera !

CELTILL.

Vos armées ! elles sont faites d'étrangers qui frémissent de vous servir... Vos frondeurs sont Baléares,
vos archers Crétois, vos cavaliers Numides ou Germains;
devant Alésia elle-même, ce n'est pas Rome qui m'a
vaincu, c'est la cavalerie germaine ; et depuis que tu
tiens la Gaule dans tes serres, c'est elle qui triomphe
pour toi. A Pharsale, c'est l'alouette qui a mis les aigles
pompéiennes en fuite... Vous n'avez pas asservi le
monde, le monde s'est asservi lui-même !..... Vous
avez jeté tour à tour chaque nation sur les autres, et
vous les avez brisées mutuellement par leur choc! Vous
n'êtes que les enrôleurs des peuples, et non leurs vainqueurs !...

CÉSAR.

Si les troupes étrangères veulent m'abandonner, qu'elles
s'enfuient... les légionnaires romains me suffiront; comme
Alexandre, j'irai seul avec mes fidèles vétérans !...

CELTILL.

Ils sont maintenant trop riches pour vouloir te suivre
si loin ! Ce n'était pas le symbole du Sénat et du peuple
romain qu'ils suivaient, c'était la caisse militaire... Ils
n'avaient que le courage de la cupidité et le patriotisme
du pécule !.... Ils ont de l'or aujourd'hui, et jusque sur
leur cuirasse... mais cette cuirasse n'est plus celle de
leurs pères... elle leur a semblé trop lourde, et ils couvrent leur cuirasse nouvelle d'ornements somptueux
pour déguiser sa faiblesse, comme tu couvres ton front
de lauriers pour cacher sa nudité... Ces légions
vénales, amollies, désertées sans cesse, ne suffisent
plus même à garder les frontières chaque jour plus
vastes de votre empire chaque jour plus faible... Comme
un fleuve dont le lit est trop large pour ses eaux taries,
qui ne peut couvrir un de ses rivages sans mettre l'autre
à nu, vous laissez toujours quelque large ouverture
à l'ennemi... Par ces portes abandonnées pénétre-
ront bientôt les vengeurs de l'univers.... Déjà, toi-même,
tu as senti leur indomptable violence... Te rappelles-tu
tes échecs fastueux en Bretagne et en Germanie?...
Tu aurais dû écrire à ton Sénat : « J'ai paru, j'ai

été battu, j'ai fui. » Mais tu as raconté ces guerres comme tu as raconté notre histoire, car non content de nous égorger, tu as voulu nous déshonorer... Ta main pâle et froide, après avoir fouillé dans nos entrailles, nous a souffletés... On vante la brièveté précise de ton récit; il serait plus long si tu avais parlé de tes défaites!... Rome, un jour, bientôt peut-être, sera forcée de ne plus croire seulement à ses triomphes, car l'heure espérée de la jouissance sera pour elle l'heure du châtiment, et le Romain au front bas disparaîtra du monde. Vos jours sont comptés, car on ne sait plus le nombre de vos vices. Les géants de la Germanie, plus impitoyables que les Gaulois, passeront ces Alpes derrière lesquelles vous vous cachez.... Ils viendront sur vous, aussi pressés que les feuilles de leurs forêts; et quand ils auront passé, ce jardin semé de palais qui entoure Rome ne sera plus qu'un désert, une immensité sinistre et misérable où courra, à travers le silence, le noir souffle de la fièvre, seule habitante de votre ville qui aura survécu à sa ruine... Sur ce Forum où ton char va passer si fièrement demain, on ne verra que les ossements blanchis d'un squelette brisé... on n'entendra que le gémissement éternel de votre fleuve chantant l'hymne en sanglots de votre deuil!...

CÉSAR, tristement.

Ah! Celtill! je t'avais appelé pour te tendre la main; et, en réponse à mes paroles affectueuses, je ne trouve sur tes lèvres que des malédictions et des prophéties de malheur...

CELTILL.

Que tu écoutes cependant, parce que ton âme sent dans ses profondeurs leur vérité vengeresse!.... Tu me respectes malgré toi, parce qu'il y a sur mon front une lueur qui t'éblouit.... Cette lumière mystérieuse, c'est l'aurore d'un jour nouveau, qui se lèvera bientôt resplendissant sur le monde, et qui ne s'éteindra pas!... Je ne suis pas, comme toi, le dernier soutien d'une nation épuisée, qui achève de mourir; je suis le précurseur d'un grand peuple qui commence!... Ce qui t'attire vers moi, c'est le pressentiment de la puissance sympathique que ma patrie exercera sur toutes les nations de l'univers, entraînées vers elle par un libre et joyeux élan d'amour!... Cet enthousiasme qui

11

t'étonne en moi, c'est une étincelle de cette flamme sacrée
qui emportera mon peuple sur toutes les nobles routes
de l'avenir!... Sens-tu maintenant pourquoi nous détestons ta ville, où tout se meurt, même les Dieux, où la
raillerie rongeuse et ricanante a tout dévoré, jusqu'à la
foi en notre éternelle vie... où l'univers n'est plus pour
vous qu'un chaos infini gouverné par un hasard éternel!..
Les saintes croyances que vous avez laissé tomber en
route sur le chemin des siècles, la Gaule les garde avec
ferveur dans son âme, et sa foi dans les Dieux et dans
leur justice lui donne sa foi en elle-même!... Elle
assiste sans crainte à ton passage sur la terre : si les
Dieux t'ont permis de vaincre la Gaule, c'est parce qu'ils
l'aimaient... Le marteau romain écrase nos tribus sur
l'enclume sanglante de la guerre ; mais en les écrasant,
il les serre les unes contre les autres, et n'en fait plus
qu'un seul bloc de fer dont la pointe, plus tard, saura
percer ceux-là mêmes qui l'ont forgée... A nos fils à saisir
cette arme ; à eux de combattre bientôt, à nous de
mourir aujourd'hui!... Tu vois bien, César, que je ne
peux pas entrer dans ton Sénat! Demain, je suivrai ton
char en souriant, et je marcherai à la mort le cœur dé-
bordant de joie et d'espérance... Esclave, ramène-moi à
mes chaînes!

Il sort, suivi de l'esclave qui l'a amené.

SCÈNE VI.

CÉSAR seul.

Pendant le discours de Celtill, il est resté assis, immobile ; de temps en
temps, il frémissait sous ces âpres paroles, mais il se contenait. Sa
tête peu à peu s'est penchée, il l'a appuyée sur sa main. Quand Celtill
est sorti depuis quelque temps, relevant la tête, il dit d'une voix
mélancolique et ardente :

Et cependant, quel spectacle sublime, si toutes les nations de la terre étaient réunies sous une seule main
puissante, qui les dirigerait toutes ensemble vers le
majestueux accomplissement de leurs tranquilles destinées!... Ma pensée est grande et féconde... mais
Rome?..... Ah! voilà le doute!...... Ne puis-je, moi,
César, l'arracher à sa mollesse et à son luxe?... Ah!
pourquoi ne m'est-il pas possible de verser ce qui

me reste de sang dans les veines taries de l'Italie ! (Il se lève.) Non ! un peuple n'est jamais condamné sans retour, car aucune génération n'est immortelle ; le flot nouveau qui arrive sans cesse est toujours pur à sa naissance... Il y a encore quelques vertus dans Rome, et la vertu est contagieuse aussi !... Ne suis-je pas tout puissant ? Je viens à peine de toucher à mon dixième lustre, n'ai-je pas encore vingt ans devant moi ? Je frapperai du pied la terre, pour en faire jaillir, non des légions, comme Pompée, mais des vertus, et elles apparaîtront à ma voix toujours écoutée ! Des profondeurs d'un peuple peuvent toujours s'élever, comme du sein de la terre, mille sources vivifiantes et cachées de dévouement et de courage ! Nous vivons depuis cent ans dans l'orage.... est-ce que la terre, après l'orage, comme renouvelée et purifiée, n'exhale pas de pénétrantes senteurs qui rafraîchissent l'air ?.. Je sens ce souffle quelque part... du côté de cet Orient qui m'attire... Tant de convulsions ne peuvent qu'annoncer une ère nouvelle pour le monde, une ère de bonheur sans doute... et cependant, de tous côtés retentissent des voix menaçantes !... Æmilius et Celtill se réunissent pour m'accabler.. le premier me montre Rome livrée à des fous, quand je rêve pour elle l'apparition d'une race de demi-dieux !... Non ! je ne peux me tromper... le sceptre que j'apporte dans Rome sera soutenu par des mains pures... la couronne de César ornera de nobles fronts !... La couronne !... ce fantôme qui me suit partout !... En vain je voudrais l'écarter, partout elle me poursuit ; je la vois qui scintille dans mes rêves ; mes yeux à peine ouverts la retrouvent le matin devant eux..... Au Forum je crois déjà l'apercevoir sur mes statues... au ciel même, je vois des spectres tentateurs, car le soleil qui se lève me semble un trône éblouissant qui s'avance vers moi, et le cercle de l'horizon est comme une couronne qui entoure et presse mon front... Sous ce poids, il se redresse plus léger, et mon âme devient meilleure... Je voudrais alors que l'univers ne fût qu'un seul homme, pour le serrer contre mon sein !... J'ai commandé bien des supplices, et cependant aucun être n'a senti comme moi le charme et la beauté de la douceur !... j'aurais voulu toujours vivre dans l'air pur et calme que j'ai respiré à Athènes sous les lauriers en fleurs du jardin d'Épicure... Oui,

la bonté parfume l'âme et remplit le sommeil de sou-
rires... et cependant, aucune journée ne s'écoule sans
que ma main, malgré elle, ne fasse signe au bourreau !
Lui donnerai-je encore demain une proie nouvelle
en lui livrant ce jeune homme si brave, si noble,
si digne d'être le chef d'une race éloquente et héroïque?... Le courage me manque !... Non ! Celtill ne
mourra pas !... Demain, le spectacle de mon triomphe,
ces pompes qui m'étonnent moi-même, frapperont son
âme, et devant tant de magnificence, il verra que,
sans cesser d'être grand, un peuple peut s'incliner
devant Rome. Il avouera notre puissance, que ses
paroles frémissantes ont un instant mise en doute
dans mon esprit !... (Il s'assied.) Quand il m'a parlé de ces
forêts lointaines qui semblent vivre, j'ai senti je ne sais
quel frisson ; j'y ai pénétré jadis quelques heures, et
j'ai cru voir en effet, caché derrière chaque arbre,
un soldat armé qui m'épiait.....' (Dans les jardins ont
continuellement brillé des lueurs ; elles apparaissent plus vives ; on entend des acclamations et des cris : Vive César ! César tourne la
tête de ce côté et dit :) Ah ! l'incendie de Troie !... Scipion se
l'est rappelé sur les murs en cendres de Carthage !
Celtill dirait-il vrai, et Rome ne serait-elle pas éternelle?...
Mon peuple doit-il donc un jour trouver un héritier?...

Les acclamations retentissent encore, avec l'apparition de nouvelles
lueurs. César cache son front dans ses mains et reste plongé dans une
rêverie profonde.

La toile tombe.

ACTE CINQUIÈME

LA PRISON MAMERTINE.

La scène représente deux souterrains superposés et communiquant par
une ouverture étroite sur le bord de laquelle viennent s'appuyer les
dernières marches d'un escalier taillé dans le roc. Le souterrain inférieur est irrégulier et bas ; les murs sont formés de blocs de granit brut.
L'obscurité y est complète. La construction de la salle supérieure est
moins grossière ; on y pénètre par un escalier qui descend d'un étage
supérieur. Une lampe y jette une faible lueur.

SCÈNE Ire.

LUTÉTIANA, dans le caveau inférieur, couchée au fond, à droite, dans un angle obscur. Elle dort et rêve à demi-voix.

Par ce sentier... donne-moi ta main... Celtill... c'est moi qui te guiderai... voici la prairie... où je venais cueillir... les rameaux d'or du genêt dont j'ornais la pierre sacrée... Viens... mon bien-aimé... oh! que je suis heureuse !..

Sa voix s'éteint.

SCÈNE II.

La porte de l'étage supérieur s'ouvre. CELTILL paraît, en costume de guerrier gaulois, sauf le casque et les armes ; un large manteau blanc est jeté sur ses épaules. BIORIX le précède, une torche à la main, et le conduit au bord de l'escalier inférieur.

BIORIX.

Il faut descendre encore cet escalier.

CELTILL.

Est-ce le dernier?

BIORIX.

Oui, tu seras, au bas, dans la fosse des condamnés à mort; c'est là que tu dois attendre le bourreau...

CELTILL.

Tardera-t-il?

BIORIX.

Non.

CELTILL.

C'est bien. Adieu donc... Je t'ai autrefois donné la vie : tu me mets au tombeau, nous sommes quittes, Biorix !

BIORIX.

Ciel, tu savais !... Oh! Celtill... pardonne...

Il se jette à ses pieds.

CELTILL, avec une douce pitié.

Oui, Biorix, je t'ai reconnu ; mais pourquoi me demander pardon? tu n'as pas été un geôlier plus dur qu'un autre... tu aimais l'or, tu l'as cherché avant tout... maintenant, Biorix... il n'est jamais trop tard, quitte Rome...Tu vois que je ne t'en veux pas ! quitte Rome !... Adieu, Biorix !...

> *Il descend; Biorix, accablé, remonte en pleurant.*

SCÈNE III.

CELTILL, dans le caveau obscur, hésite un instant à marcher ; il trouve à gauche le mur, le suit, et s'assied sur une pierre faisant saillie. La nuit ne lui permet pas d'apercevoir Lutétiana, dont la robe brune se confond avec la muraille.

CELTILL.

Je suis donc enfin au fond de l'abîme !... Pendant que la main d'un Gaulois me fait descendre dans ces ténèbres de mort, César, au-dessus de ma tête, rend grâce, devant l'autel du Capitole, à une divinité dont il se moque, du sang dont il a inondé l'univers ! Ah ! les Dieux ont des secrets terribles, et leur volonté est pleine de mystères qui accablent... J'ai le cœur en lambeaux !... Je n'ai plus de pensée... Ma cervelle est comme une brûlante masse de plomb qui bat lourdement contre mon crâne et cherche à le briser... Ces murs m'étouffent... Hier, la vue de mon bourreau m'avait rendu une âme de haine qui me soutenait, mais ma colère est tombée et les forces me manquent avec elle !... Aujourd'hui, ma longue marche sous le soleil desséchant d'un ciel ennemi m'a étourdi, écrasé... Je voulais contempler cette Rome qui m'insultait ; je n'ai pu voir qu'une poussière bruyante, une foule tumultueuse et confuse qui tourbillonnait en délire autour d'un peuple immobile de statues d'or et de marbre... Malgré moi, mes paupières cuisantes s'abaissaient sur mes yeux aveuglés... Je croyais avoir plus d'énergie ! Oh ! je le sens en ce moment, il est bien dur de mourir sans avoir cueilli une seule fleur de la vie !.. Depuis ma naissance, mon existence n'a-t-elle pas ressemblé à la lutte horrible d'un malheureux qui se débat en vain contre les flots jusqu'à ce qu'ils l'étouffent... C'est la main du malheur qui m'a reçu dans le monde, car ma mère est morte pour me donner la vie... mon premier jour a été un jour de larmes et de désespoir... lugu-

bre présage de ceux qui devaient suivre... Enfant, mes
yeux ont vu le bûcher où des infâmes ont précipité mon père !... Ma jeunesse, c'est l'esclavage honteux, la fuite, et enfin la défaite écrasante !.. Quel homme
pourrait devant moi dire qu'il a souffert ?.. J'avais vu le
bûcher de mon père, j'ai vu le bûcher de ma patrie !..
Oh ! César ! pourquoi les Dieux nous ont-ils envoyés en
même temps sur la terre ?.. Tu n'as vécu que pour me
torturer !... tu m'as lentement déchiré et arraché enfin
jusqu'aux dernières fibres du cœur !.... Un frémissement me l'avait dit le jour où je te vis pour la première fois... j'entends encore le vieux Gaulois, prisonnier comme moi dans ton camp, me dire à voix basse,
en te montrant : « Vois-tu ce grand Romain chauve et
« pâle, dont les joues sont flétries, mais dont les yeux
« brillent d'un feu si clair et si froid, c'est César ! Sous
« la nonchalance élégante de cette marche incertaine,
« se cache une volonté de fer, et cette main si délicate,
« si effilée, sait mieux que la mienne faire vibrer une
« épée. » En apercevant cette blanche figure, je
frissonnai... Il passa devant nous ; et quand son regard
glissa sur moi comme la pointe d'acier d'un javelot,
je sentis au cœur le même froid que l'on doit sentir
quand on meurt ! Il souriait, cependant, comme tout à
l'heure encore, lorsque du haut de son char il abaissait ses
yeux vers moi... Il m'avait placé à la tête des rois qui le
suivaient ; et parfois il semblait me faire un léger signe.
Mais mon front se détournait et mon regard fuyait
l'insupportable vue de cet ennemi mortel de ma
race, qui m'a ravi à moi-même tout ce que j'aimais,
dont l'épée a toujours tranché toutes mes espérances au
moment où elles sortaient de terre pour s'épanouir...
Oh ! Lutétiana ! toi qui as passé dans ma nuit comme un
de ces astres qui traversent un instant le ciel obscur de
leur brillant sillon... toi qui as éveillé l'amour qui dormait jusqu'alors dans mon cœur, où es-tu maintenant ?
Tous tes rêves sont dissipés !.. Que ne puis-je, avant de
mourir, être sûr au moins que déjà tu as fui Rome, que
déjà tu marches sur la route qui conduit à nos montagnes !..

LUTÉTIANA, rêvant et parlant à voix très basse.

Celtill !..

CELTILL, écoutant.

O douce et chère illusion ! Je crois dans mon âme entendre encore retentir sa voix disant mon nom !

LUTÉTIANA, d'une voix un peu plus haute.

Celtill ! Vois...

CELTILL, se levant.

Quelle étrange merveille !... un génie apporte-t-il donc sur ses ailes l'écho lointain de sa voix bien-aimée ?

LUTÉTIANA.

Celtill ! prends cette couronne...

CELTILL.

Ciel ! mais non !.. grands Dieux !.. ce n'est plus une illusion ! Suis-je insensé... (Il se précipite du côté de Lutétiana et rencontre sa main ; Lutétiana se réveille et se relève à moitié.) C'est elle ! ici ! ô Dieux !..

Il tombe évanoui à ses genoux.

LUTÉTIANA, d'une voix calme et heureuse.

Celtill ! nous sommes donc déjà dans les cieux ! Que le passage de la mort a été doux... je ne me le rappelle plus...

CELTILL, se relevant.

Oui, c'est elle !.. Oh ! c'est trop d'infamie ! Toi !.. ici !.. Pourquoi es-tu ici !.. ô Lutétiana, au nom des Dieux !.. parle !..

LUTÉTIANA, d'une voix toujours lente et douce.

C'est donc encore la vie ! oui... ces ténèbres... je les reconnais... mais tu n'étais pas encore là...

CELTILL, suppliant.

Oh ! parle ! qui t'a conduite ici ?

LUTÉTIANA, se réveillant tout à fait.

Tu ne sais donc pas tout, Celtill !.. nous allons mourir, mais je ne me plaindrai pas, puisque nous allons mourir ensemble !..

CELTILL.

Mourir ! mourir ensemble ! Oh ! par grâce !

LUTÉTIANA.

Oui ! hier, ce complot... mes paroles... ils ont tout

entendu... j'étais coupable... César a ordonné ma mort...
on m'a conduite ici... c'est ici que le bourreau... oh!
Celtill, donne-moi ta main... j'ai peur... cette pensée...
je croyais que tout était fini!..

CELTILL, se tordant les bras de désespoir.

Puissances du ciel! que voulez-vous donc de moi!
que vous ai-je donc fait!..

LUTÉTIANA, d'une voix toujours douce et calme.

Oh! mon Celtill, ne me quitte pas ainsi la main... tu
ne savais donc rien? moi je t'attendais! et je n'étais pas
triste... je suis courageuse... je suis avec toi... où donc me
croyais-tu?..

CELTILL.

Mais... au loin! que sais-je! enfin!... ô douleur plus
cruelle que toutes les autres! ô torture suprême!

LUTÉTIANA.

Pourquoi? Bientôt nous ne souffrirons plus... oh! ne
pleure pas ainsi!.. J'avais l'âme si calme... mon sommeil
était si doux tout à l'heure... et mon rêve si beau... Nous
étions ensemble dans ma tribu... je te conduisais auprès
de mon père... il vivait, dans mon rêve, mon bon père!..
Il nous bénissait, il nous aimait! oh! nous étions tous si
heureux!.. Et puis nous nous trouvions seuls... sous la
nuit étoilée, assis au bord d'un lac paisible; et les étoiles
reflétées dans le lac semblaient des fleurs d'or tombées
du ciel sous la faucille d'argent qui s'avançait peu à peu
et les coupait doucement... Nous allions cueillir ces fleurs
au milieu des eaux, et je tressais une couronne d'étoiles
que je plaçais autour de ton front...

CELTILL, désespéré.

Mais je t'ai tuée, Lutétiana! c'est moi qui t'ai entraînée
ici!..

LUTÉTIANA, tranquillement.

Tu m'as donné la vie, au contraire, puisque tu m'as dit
que tu m'aimais! oh! ne vois-tu pas combien je suis heureuse! Jamais je n'ai senti mon cœur aussi calme... J'ai
envie du ciel... avec toi!.. Quand l'hiver va finir, la nature
languissante ressemble à une jeune vierge affaiblie par
la souffrance, qui peu à peu se réveille d'un long engourdissement; elle sent l'approche du printemps, du soleil,

et les couleurs reviennent chaque jour sur ses lèvres pâlies... c'est ainsi qu'à la fin de la vie, à l'approche du printemps céleste, j'entends en moi mille tressaillements de joie, mille bruits mystérieux et doux, qui annoncent pour mon âme l'explosion prochaine de fleurs embaumées... Oh! que tes pleurs ne viennent pas, comme un nuage, obscurcir la lumière de mon cœur!.. Partage ma joie! nous sommes ensemble, n'est-ce pas tout? tu ne me désirais donc pas auprès de toi? Tu ne souffrais donc pas autant que moi de notre séparation? Nous sommes réunis, et nous ne serions pas heureux! oh! non! oublie tout le passé, ne pense qu'au bonheur ravissant d'être ensemble! Je suis heureuse, pourquoi pleurerais-tu?

CELTILL.

Ah! Lutétiana! ta voix mélodieuse m'enivre malgré moi... Eh bien! oui, puisque tu le veux, ne pleurons pas! Oui, je te crois... une saison nouvelle va luire pour nous, car le souffle de tes paroles est aussi doux que les premières caresses du soleil!.. l'air qui t'entoure est plus suave à respirer que le parfum de la violette! tu es apparue ici comme dans nos bois la blanche anémone... oui, c'est un printemps inconnu qui, à ta voix, s'approche de nous... Depuis que tu presses ma main, ces murs sont tombés, l'obscurité s'est enfuie, je vois les lueurs bleuâtres de l'horizon qui nous est cher... Tout à l'heure mon âme était un rocher stérile où criaient les vautours ; maintenant, c'est une verte forêt pleine d'oiseaux qui chantent au soleil levant!... Cette voûte, c'est la voûte brillante du ciel... Oui, je suis aussi calme, aussi heureux qu'autrefois, lorsque j'allais, la nuit, sur la cîme qui domine le vallon où dormait ma tribu... Je la contemplais, cachée dans le pli de la montagne, comme la mère contemple son enfant qui repose paisiblement dans son berceau... C'est là que j'aimais à m'endormir ; et parfois, au milieu de la nuit transparente, je me réveillais un instant, et il me semblait, en regardant le scintillement des cieux, que tous les génies protecteurs de la Gaule étaient venus sur le bord du firmament et que leurs yeux qui étincelaient comme les tiens me contemplaient en souriant. O ravissements des nuits limpides! seules délices de ma jeunesse! je vous retrouve en pressant ta main, ô ma Lutétiana! toi que les Dieux ont mise dans ma vie comme ils mettent des fleurs au fond des gouffres!...

LUTÉTIANA.

Aimons donc les Dieux, Celtill, et ne les maudissons plus! Ils accomplissent toujours leurs promesses... Ils t'ont montré à moi sur les rivages solitaires de l'île de Sein tel que je te vois en ce moment à mes pieds, couvert de ton armure.... Hélas! comme dans ma vision, tu verses des larmes! O mon Celtill, puisque nous nous sommes dit notre amour, que ferions-nous de la vie? que peux-tu désirer encore?... La gloire, peut-être?... à ton âme généreuse l'amour ne suffisait pas... tu vivais aussi pour ta patrie!.. Mais n'as-tu pas combattu pour elle? Celtill, crois-en ta Lutétiana : ton nom retentira sur les harpes des bardes, car tu as laissé à nos fils un noble exemple... ils pleureront sur Alésia; mais pendant que la tristesse mouillera leurs yeux, la fierté fera battre leurs cœurs...

CELTILL.

Oh! merci, toi qui devines les angoisses de mon âme et qui as des paroles pour les chasser! Non, je n'ai pas été indigne de la Gaule! et si un jour nos fils, saisis d'un saint amour pour les souffrances de notre patrie, viennent sur le rocher de mort chercher pieusement et adorer la trace laissée par leurs malheureux pères, ce n'est pas une ombre humiliée de vaincu qui se dressera devant eux, c'est une image fière et menaçante, car devant le Romain, mon front s'est voilé et couvert de sang, mais ne s'est jamais courbé!...

LUTÉTIANA.

Te rappelles-tu, Celtill, ce que les Druides nous ont appris? Chacune de nos existences, nous disaient-ils, est l'anneau d'une chaîne vivante que les Dieux suspendent dans les palais du ciel, au pied de leurs trônes immortels, quand nos vertus l'ont faite d'or pur... C'est là, ô Celtill, que nous irons nous placer l'un près de l'autre...

CELTILL.

Et toutes les fois que la Gaule souffrira, nous demanderons aux Dieux de nous envoyer encore animer le cœur d'un de ses enfants pour la consoler et la sauver...

LUTÉTIANA.

Oui, tour à tour nous la sauverons!... Je descendrai

aussi pour elle ; car autrefois, dans mes prairies, autour des fontaines, j'ai déjà entendu des voix qui m'ordonnaient de prendre l'épée... Je la prendrai un jour comme toi!

Un esclave a poussé les verroux de la porte du caveau supérieur, l'a ouverte, a jeté un coup d'œil dans la salle, a fixé une torche à la muraille, et a disparu.

CELTILL.

Ce bruit!!... Ah! Lutétiana, c'est maintenant ce poignard qu'il faut que je prenne! Tu me l'as donné pour me frayer un chemin vers la liberté... Je t'obéirai encore...

LUTÉTIANA.

Te tuer!...

CELTILL.

N'as-tu pas entendu? Voilà le licteur qui s'approche...

LUTÉTIANA.

Celtill, tu te trompes... ce bruit, c'est une pierre qui s'est détachée, et qui a roulé à terre...

CELTILL.

Non, Lutétiana, j'ai entendu retentir la barre de fer qui tient la porte.

LUTÉTIANA.

Elle était mal fixée... elle est tombée d'elle-même...

CELTILL.

Non, Lutétiana, j'ai vu le reflet d'une torche... ici...

Il montre l'escalier.

LUTÉTIANA.

C'est la lampe qui s'éteint et qui jette une lueur en mourant...

CELTILL.

Il faut donc que je meure comme elle!...

Il tire son poignard.

LUTÉTIANA, éperdue.

Te tuer! C'est donc vrai !... Mais non... c'est impossible... tu ne te tueras pas!...

CELTILL.

Aimes-tu mieux que le bourreau m'étrangle devant toi?...

LUTÉTIANA.

Oh! pensée horrible !... Non, ne me parle pas du

bourreau !... Oui, tu as raison, il faut mourir... Mais alors, Celtill, frappe-moi d'abord !...

CELTILL.

Moi, te frapper !... Je ne crois pas à ton supplice, Lutétiana !... Tu ne mourras pas... Ils ont voulu t'effrayer, mais tu ne mourras pas... Une femme, c'est un être divin..... la toucher, c'est presque porter la main sur notre créateur... on ne livre pas à la hache ce cou auquel nous nous sommes suspendus quand nous étions enfants; on ne fait pas couler le sang qui nous a nourris; on ne meurtrit pas ces mains qui nous ont tant caressés !..... Les Dieux ont mis en vous des puissances mystérieuses qui vous rendent sacrées... Non, tu ne mourras pas... tu fuiras... tu iras en Gaule... Qui donc porterait à ma tribu mes dernières paroles !... Tu leur diras combien je les ai aimés... Je suis mort volontairement, victime expiatoire de leurs luttes fratricides... Qu'ils honorent mon souvenir en restant éternellement unis... et que le récit de mes souffrances leur enseigne à respecter la liberté des autres peuples, quand ils seront puissants à leur tour !... Ciel ! c'est lui... entends-tu cette fois le licteur !... (Le même esclave a paru portant une torche; il précède et guide César qui descend lentement l'escalier du caveau supérieur.) Ah! Lutétiana, à ce moment suprême, une grâce dernière : le baiser de la pâle déesse de la mort sera-t-il le premier baiser de vierge qui ait touché mes lèvres ?... avant que je ne meure, ne me refuse pas; ô Lutétiana, tes lèvres sur les miennes !!... (Lutétiana se précipite dans ses bras. Ils restent étroitement embrassés. Celtill baise convulsivement le front et les cheveux de Lutétiana ; enfin, il s'arrache de ses bras.) Ah ! j'aurai vécu un instant !... Et maintenant, détourne tes yeux !... Lutétiana, je t'aime... Adieu !...

Il se tue. Lutétiana jette un cri, chancelle et va tomber au pied de l'escalier, dont le mur la cache à César, qui commence à descendre. L'esclave lui a indiqué l'ouverture du caveau. César l'a renvoyé d'un geste. Il est en triomphateur, couvert d'un manteau blanc brodé d'or. Arrivé au pied de l'escalier, il hésite à s'avancer ; il ne voit ni Lutétiana ni Celtill ; enfin, il distingue le manteau blanc de Celtill, s'approche et dit, d'une voix grave et haute :

CÉSAR.

Celtill, vas-tu enfin être content de ton vainqueur ? Ta fierté a contraint César au sacrifice de la sienne !... Tu m'as vu tout à l'heure sur un char de triomphe, l'univers à mes pieds; je le quitte pour venir à toi... Cette prison t'a humilié, j'ai voulu y paraître moi-même pour que tu l'oublies... Je·veux que tu remontes, appuyé sur ma main, l'escalier que.tu as descendu conduit par un geôlier... seras-tu touché de ce témoignage d'une affection qui ne raisonne plus, parce qu'il faut enfin qu'elle t'entraîne à elle?.. Oui, n'est-ce pas?... Il y a des expiations qui font tout oublier... tout... pardonner... Tu vois, Celtill, César t'a demandé pardon!! Réponds, Celtill, comme tu dois répondre à une âme qui se montre digne de la tienne! (Il attend.) Ce silence... (Il se penche vers Celtill, le touche, et le sentant immobile :) Ah! tranquillité sublime, il attend le bourreau et il dort!...

LUTÉTIANA s'est levée à genoux dès les premières paroles de César; elle l'a écouté avidement; elle s'approche en se traînant, et quand il prononce le mot : Il dort, elle est à ses pieds, derrière lui, et s'écrie, d'une voix haineuse et vibrante :

Non, il ne dort pas, il est mort!!...

CÉSAR, effrayé, se retourne vers Lutétiana.

Une femme! ici!..

LUTÉTIANA.

Quoique tu sois un des Dieux de l'enfer, il ne te répondra pas!..

CÉSAR.

Qui es-tu?

LUTÉTIANA, avec une ironie amère.

Ah! qui je suis! tu ne me reconnais plus! tu m'as oubliée!...

CÉSAR.

Cette voix?...

LUTÉTIANA.

Tu l'as entendue déjà! n'est-ce pas? Il y a longtemps... cherche... c'était en Gaule... tu la trouvais si douce!...

CÉSAR.

Lutétiana!...

LUTÉTIANA.

La mémoire te revient!... Tu l'aimais tant!! d'un amour si sincère, que tu te rappelleras toujours sa voix... Ecoute donc ce qu'elle va te dire...

CÉSAR.

Lève-toi, insensée !...

LUTÉTIANA.

Non ! je ne me lèverai plus !...

CÉSAR.

Qui t'a amenée ici ?

LUTÉTIANA.

L'ordre de mon maître.

CÉSAR.

Qui, enfin ?

LUTÉTIANA.

Toi-même, ô mon bon maître...

CÉSAR.

C'est faux !... Tu es donc toujours perdue dans le délire ?... Je n'ai pas prononcé ton nom depuis le jour... C'est faux !...

LUTÉTIANA.

César, tu as donné tant de fois la mort que tu la donnes maintenant sans t'en apercevoir...

CÉSAR.

Ta mort ! A qui aurais-je commandé cette mort ?... A quel moment ?...

LUTÉTIANA.

J'étais ton esclave, César... N'as-tu pas hier ordonné le supplice d'une Gauloise criminelle ?

CÉSAR.

Toi ! c'était toi !... oh ! malheureuse !... mais tu vivras, je le veux... Je te fais libre...

LUTÉTIANA.

Tu veux que je vive ! Tu n'as donc pas vu ce cadavre à tes pieds ?

CÉSAR se penchant vers Celtill, et soulevant son bras qui retombe inerte.

Mort !!!... hélas ! je suis venu trop tard !...

LUTÉTIANA.

Non, car je peux te maudire encore!... Oh! je dirai la vérité maintenant, c'est le bienfait de la dernière heure! Tu as cru, peut-être, que je t'avais un instant presque aimé; je t'ai toujours exécré... Voilà celui que j'aimais! voilà le seul que j'aie jamais aimé... C'est lui que je cherchais partout et que j'ai trouvé, le jour où il est venu dans ton camp devant Alésia t'écraser sous sa colère Ah! comme tu étais petit devant lui! J'étais là, je vous voyais tous deux, je jouissais, je m'enivrais de son triomphe... Et depuis ce jour, je n'ai vécu que pour lui... toi, tu as réussi à le tuer... mais les Dieux ne tarderont pas à le venger... Te rappelles-tu que j'étais prêtresse, que j'ai reçu du Ciel le pressentiment de l'avenir? Écoute-moi donc, car je te prédis que bientôt tu recevras autant de blessures que tu as de vices; ton corps sera criblé...; tu mourras étouffé par l'horreur qui te broiera le cœur plus encore que par le sang qui t'emplira la gorge. Ton dernier cri sera un cri désespéré, car ta mort léguera à l'univers épouvanté l'exemple d'un inexpiable parricide! Oui, je te donne rendez-vous avant deux ans devant l'assemblée des Dieux; quand tu y paraîtras, j'y serai avec ta victime, et si tu veux séduire le Ciel comme tu as séduit le monde, je rappellerai à elle-même la justice éternelle, et j'exigerai ton châtiment! Tu souris, peut-être, toi qui ne crois pas aux Dieux... mais ils se serviront de ton dédain impie pour te perdre... On te maudit en tremblant, on te tuera à genoux!..

CÉSAR, avec un accent de prière mêlé d'irritation.

Lutétiana, si tu...

LUTÉTIANA.

Tais-toi! Devant ce cadavre, c'est moi seule qui dois parler... Laisse-moi lui faire mes adieux; mais non, puisque je vais mourir aussi... Oh! tu n'as jamais su, toi, ce que c'est que d'aimer, voilà pourquoi tu oses me proposer de vivre... O mon Celtill! comment le pourrais-je, puisque nous n'avions qu'une âme pour nous deux?... Ne vois-tu pas ce souffle de feu qui brille et s'agite sur ses lèvres, et qui attend pour se réunir au souffle qui m'anime que j'aie brisé une fragile enveloppe?... Le supplice de la vie nous avait presque séparés... nous allons repartir ensemble, emportés par les mêmes ailes! (Elle est couchée sur Celtill et le couvre de baisers.)

Regarde-le !... il sourit dans la mort... Et toi, qui es vivant, toi qui tues, tu frémis... j'entends ton laurier d'or qui tremble sur ton front... Tu vois ce poignard : c'est le nôtre ; il est encore chaud, c'est dans mon sein qu'il se refroidira.

Elle se tue.

CÉSAR pousse un cri sourd, se précipite sur Lutétiana, la soulève ; elle retombe sur Celtill ; se cachant les yeux, il s'écrie, d'une voix brisée :

Horreur !... (Il contemple longtemps Celtill et Lutétiana, et dit avec une compassion désespérée :) Pauvres enfants !... pauvres enfants !... Malheureux ! pourquoi vous êtes-vous trouvés sur ma route sanglante ! Hélas ! ma destinée veut donc que j'écrase tout ce que j'aime... Je viens de sentir mourir en moi la moitié de moi-même !... je laisserai mon cœur ici... entre vous deux !... je ne vivrai plus que par la pensée... (Il s'éloigne un peu.) N'est-ce pas assez ? J'ai mon œuvre... l'univers à conduire au bonheur que j'ai rêvé pour lui ! L'univers me suffira... (Il revient et contemple encore Lutétiana et Celtill.) Ah ! que ces deux cadavres sont difficiles à franchir !... Allons ! César, pas de faiblesse de femme ! franchis sans larmes, puisque tu as renoncé à ton cœur !...

On a vu, quelques instants auparavant, le licteur paraître, armé de la hache, et portant une corde et une torche. Il a descendu les deux escaliers et s'est arrêté surpris. César, marchant brusquement vers lui, dit d'une voix brève et dure, mais qui tremble sous des sanglots étouffés :

Esclave, dès qu'il fera nuit, jette ces deux cadavres au Tibre !...

Le front baissé, il remonte l'escalier. La toile tombe.

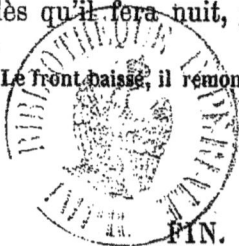

FIN.

Page 54, ligne 13, lisez : les voix de mon cœur...